손으로 쓰지 않고 눈과 입으로 외워서

영어 단어 암기의

천재가 되는 비법 개정판

'하루 1,000단어 암기'에 도전해 보자 !

· 손으로 쓰지 않고 눈과 입으로 외워서 ·

영어 단어 암기의
천재가 되는
비법 개정판

강균석(Ted Kang) 지음

10개 외국어 구사!
토익 만점!
중국어 능력 평가 시험
(HSK) 최고 등급!

외국어 달인이 우연히 체험한
'테드식 3분 20단어 초고속 암기법'의
뇌 과학석 분석

좋은땅

쓰지 않으면 하루 1,000단어도 외울 수 있다

반복 쓰기 위주의 비효율적 영어 단어 암기를 더 이상 하지 말자!
그러면 단어 공부에서 자유로워질 수 있다.

'손으로 쓰지 않고 눈과 입만 사용해 3분 20단어 외우는 연습을 일정한 절차에 따라 며칠 하면, 단어를 하루 수백 개에서 1,000개 이상도 외울 수 있어요!'라고 누군가 얘기한다면 믿기지 않을 것이다. 하지만 몇 차례만 시도해 봐도 그럴 수 있다는 것을 느끼게 해 주는 암기방법이 있다.

사람에 따라 결과의 차이는 있겠지만 연습장에 반복해 쓰면서 외울 때와는 비교할 수 없는 암기 성과를 경험할 수 있다. 단어와 해석이 있는 자료만 있으면 어디서든 바로 실행할 수 있는 단순한 방식이다. 내가 고등학생일 때 영어 단어 암기가 힘들어 고민하던 중 우연히 체험했다.

효과가 너무 좋아서 주위 사람들에게도 추천했었다. 하지만 '손으로 쓰지 않고 외운다'는 얘기를 하면 대부분 내 말을 믿지 않고 웃어 넘겨서, 나만 혜택을 본 것으로 만족하고 있었다. 그러다가 나중에 토익 강의를 하면서 뇌 과학에 근거해 기억이 잘되는 원리를 분석했고, 수많은 수강생들에게 실제 적용하며 효과를 반복 검증했다. 일반 사람들을 대상으로 한 테스트를 통해서도 탁월한 성과를 확인했다. 이 책은 그 암기법이 효과가 있는 이유에 관해 자세히 정리한 것이다.

빨리 체험하고 싶다면, 프롤로그 다음 페이지에 정리된 암기법(편의상 향후로는 '테드식 단어 암기법'이라고 할 것이다.)에 따라 몇 차례만 의지를 가지고 3분 20단어(혹은 2분 10단어) 암기를 해 보자. 10~30분 정도만 투자하면 예상치 못했던 놀라운 결과를 얻을 수도 있을 것이다. '이렇게도 외워지는구나!'라는 생각이 들면 1차적으로 성공한 것이다. 그 체험에 근거해 이 책을 읽고 암기법을 며칠간 실행하면 '고속 암기'가 가능해질 것이다.

'나만 이렇게 고속 암기를 하지는 않겠지?'라는 생각에, 영어 단어를 남들보다 빨리 외운다고 주장하는 사람들에 대한 자료들도 찾아보았다. 실제 나와 유사한 경험을 한 사람들이 있었고, 가능한 한, '손으로 쓰지 않고 빠르게 자주 읽으며 외운다'는 공통점도 발견했다. 세부 절차와 효과에 차이는 있지만 고속 암기법의 핵심적인 내용은 비슷했다.
나도 그랬지만 유사 경험을 한 사람들도 연습장에 단어를 반복해 쓰면서 열심히 단어를 외웠던 경험이 있었다('깜지법'이라고도 한다). 그러다가 우연한 체험을 통해 쓰지 않고 암기하는 방식의 탁월한 효과를 알게 되는 것이 일반적이었다. 어떤 계기에 의해 순간적인 깨달음이 생기는 것이다.

개인의 타고난 능력, 외국어 학습 경험, 외워질 때까지 연습장에 몇 번이고 반복해 쓰는 노력 등이 단어 실력의 차이를 가져온다는 선입견을 대부분 사람들이 가지고 있다. 하지만 암기 방식 자체가 성과 및 공부 기간 차이의 주요한 원인이 되기도 한다. 방법이 효율적이면 자기도 모르게 뇌의 기억 시스템을 잘 활용하게 되는 것이다.

이 책에서 소개하는 '테드식 단어 암기법'은 영어 알파벳과 발음 기호를 한국식으로라도 자신감 있게 읽을 수 있는 중학생 이상이면 누구든 적용 가능하다. 매일 30분 이상 며칠만 연습하면 습관화할 수 있고, 열심히 하면 하루 1,000단어 이상도 외울 수 있다는 것을 스스로 느끼게 된다. 장기 기억을 형성하기 위해서는 1차 암기 후에도 추가 복습이 몇 회 필요하지만, 아주 짧은 기간 내에 끝낼 수 있다.

영어 단어에만 통하는 암기법도 아니다. 문자 체계가 다른 중국어, 일어, 러시아어 및 영어와 동일한 로마자 알파벳을 사용하는 스페인어, 이탈리아어, 독일어, 프랑스어, 인도네시아어, 베트남어까지 총 10개 외국어에 내가 직접 적용해 보았다. 그 결과 언어 종류에 상관없이 동일하거나 유사한 성과를 거뒀다. 일부는 외국어 공부 목적으로, 일부는 암기법 테스트를 위해 시도해 보고 검증했다.

이 책의 **1장**에서는 내가 고교 시절 우연히 초고속 단어 암기를 하게 된 과정을 있는 그대로 정리하려 했다. 또한 단어 공부가 영어 실력 전반에 미치는 중요성을 강조하기 위해, 어휘력의 상승으로 나에게 실제 발생했던 일들도 회상해 봤다.

2장에서는 내가 주관적으로 체험한 암기법을 구체적으로 분석했다. 뇌 과학 공부, 제3자들을 대상으로 한 객관적 테스트 결과 및 고민과 분석을 통해 알게 된 내용을 바탕으로 했다.

3장은 10개국 외국어 단어 고속 암기 체험, 하루 1,000단어 암기 체험, 33,000단어 책의 단기 암기 경험, 토익 강의를 했을 때의 수강생들 및 회사 동료들 통한 적용 성과, 외국어 전문가들에 의한 검증 내용, 유사한 고속 암기법 사례들을 정리했다. 개인의 능력이나 외국어 종류가 다르다고 해서 테드식 단어 암기법의 효과가 달라지지는 않는다는 것을 설명하려 했다.

4장은 뇌 과학의 기초적 내용들을 소개했다. 뇌가 기억을 처리하는 원리에 대해 이해를 하면, 테드식 단어 암기법이 뇌를 잘 활용했기 때문에 효과가 높다는 것을 알 수 있으리라 생각했다.

5장은 많이 이용되는 영어 단어 암기법들의 장단점을 비교해 봤다. 다른 사람의 말과 개인의 오랜 습관에만 의지하지 말고, 각 암기법들을 조금씩이라도 직접 시도해 본 후 실제 결과에 근거해 테드식 단어 암기법을 선택하라는 취지에서다.

6장은 3분 20단어 암기 테스트용 단어들을 실었다. 지면 관계상 수능, 토익, 공무원시험 기출 단어들만 수록했다. 테드식 암기법을 적용해 보길 바란다. 직접 체험해 보는 것이 중요하다.

영어는 대부분의 사람들에게 다른 중요한 일을 하기 위해 필요한 준비 도구일 뿐이다. 국제화된 세상에서 공용어로 사용되고 있으므로 부득이하게 배워야 한다. 따라서 효율적 방법으로 가능한 한 빠른 시간에 원하는 실력을 갖추고 정말 필요한 일에 집중해야 전문분야에서 경쟁력을 갖출 수 있다.

영어 공부를 빨리 끝내기 위해서는 일차 관문인 영어 단어의 정복이 필요하다. 다행히 단어는 분석과 이해를 거의 필요로 하지 않는 단순 정보이므로, 약 3,000~5,000단어가 실린 책 한 권은 집중 공부로 1~2주 내에 암기 완료할 수도 있다. 테드식 단어 암기법으로 가능하다. 이 책을 읽은 사람들이 적어도 영어 단어로부터는 자유로워질 수 있을 것이라 확신한다. 테드식 암기법을 뛰어넘는 더 효과적인 암기법을 스스로 창조할 수도 있을 것이다.

테드식 초고속
(영어)단어 암기법 실행 절차

☞ 고속 암기의 전제 조건: 발음 기호를 한국식 발음으로라도 읽을
수 있어야 한다. 발음 기호를 자신감 있게 읽을 수 없다면 발음 기호 읽
는 법 먼저 공부해야 한다.

1단계: 3분 20단어 암기

(1) 스톱워치(컴퓨터나 휴대폰 이용)를 준비한다.

(2) 모르는 단어 20개를 선정한다(6장의 단어표 참조).

- 한글 해석 자체를 이해 못 하는 단어들은 암기가 어려우므로 건너
  뛴다.

- 발음 기호를 보지 않고도 대략 읽을 수 있으면 철자만 보고 외우는
  것이 집중하기에 좋다(영어 단어를 보고 해석을 떠올릴 수준으로
  암기한 직후 발음 보완하는 것이 효율적이다).

(3) 스톱워치를 누른다.

(4) 앞에서부터 대략 10단어씩 두 그룹으로 나눠서 눈과 입만 사용해 암기한다.

- 소리를 내며 읽는 것을 원칙으로 하되, 주변 상황 때문에 못 내더라도 입 근육은 반드시 움직인다.

- 발음의 정확성과 철자에 신경 쓰지 말고 현재 본인이 할 수 있는 방식으로 자신감 있게 읽는다.

- 해석은 맨 앞에 있는 것 하나만 외운다.

(5) 첫 그룹의 10단어 사이를 3~4회 빠른 속도로 돌면서 암기한다.

- 한 단어 암기가 대략 되었으면 다른 단어로 이동하는 형태로, 약 10단어들 사이를 빙빙 돌며 암기한다.

- 기억되었다는 느낌이 들면 손이나 종이로 해석을 가리고 영어만 보면서 해석을 떠올린다(순간적으로 한다).

(6) 둘째 그룹의 10단어들도 '(5)'와 동일한 방식으로 암기한다.

- 고속 암기 습관을 빨리 만들기 위해서는 의도적으로 시간을 지켜야 한다.

(7) 최종적으로 전체 20단어들을 속독하면서 기억 상태가 약하다고 느껴지는 것들 위주로 재암기한다.

- 손이나 종이로 해석을 가린 상태에서, 영어 단어만 보더라도 해석이 즉시 떠오르는 수준까지 외운다.

(8) 3분이 경과하면 바로 멈춘다.

영어 단어 암기의 천재가 되는 비법

2단계: 성과 평가 및 표시

(1) 종이로 해석을 가리고 단어만 보고 떠올려 본다.

- 가능한 한 빨리 한다. 단어당 1~2초 내에 해석이 떠오르지 않으면
  기억이 안 된 것으로 간주한다.

**(2) 해석이 떠오르지 않거나 늦게 떠오르는 단어에는 필기구로 표시
한다.**

3단계: 1분 보충 학습

(1) 스톱워치를 누른다.

**(2) 해석이 안 떠오르거나 늦게 떠올라서 표시한 단어들 위주로 고속
으로 재암기한다.**

**(3) 확실히 기억되었다는 느낌이 생기면 손이나 종이로 해석을 가리
고 영어만 보면서 해석을 떠올려 본다.**

(4) 1분 내에 종료한다.

- 1분이 되기 전이라도 명확히 암기되었다고 판단되면 멈춘다.

최초 1~3회 시도로 암기법의 효과를
체험 못하는 경우의 해결 방법

(1) 해결 방법(⇒ 약 20~30분 정도 '1~3단계' 반복)

영어를 오랜 기간 공부하지 못했다면 암기 대상인 단어 그룹(20개 단어)을 바꾸지 말고, 최소 90% 이상의 단어들(18개 이상)이 암기될 때까지 '위의 절차(1~3단계)'에 따라 몇 차례 반복해 외운다. 뇌를 영어에 적응시키고 자극도 줘야 하기 때문이다. 시간이 20~30분 정도 걸리고 힘들더라도 테드식 단어 암기법을 처음 시도하는 때만큼은 의지를 가지고 해야 한다. 연습장에 손으로 단어를 쓰지 않고 눈과 입으로만 실행해야 한다.

90% 이상 외웠으면 '새로운 단어 그룹'을 가지고 3분 20단어 암기를 해 본다. 최초 암기할 때보다 더 빠르게 더 많은 단어들을 외울 수 있을 것이다.

3분 20단어로 하는 것이 너무 벅차면, 2분 10단어 기준(6장의 단어표를 이용한다.)으로 먼저 시도한다. 절차는 3분 20단어 암기할 때와 동일하다. 몇 차례 연습 후 익숙해지면 3분 20단어로 전환한다.

(2) 최초 1~3회 시도로 효과를 경험 못하는 일반적인 경우

장기간 영어 공부를 하지 않았거나 영어를 사용하지 않았던 사람들인 경우에, 눈과 입으로만 최초 1~3회 정도 시도로 효과를 바로 체험하기 어려울 것이다. 영어와 담을 쌓은 채 회사 생활을 수십 년간 해 오셨던 토익 수강생 분들을 통해 종종 보았던 모습이다. 그럼에도 불구하고 위의 절차를 길게는 20~30분 정도 계속 반복하면 강한 뇌 자극의 효과로 대부분의 단어들이 암기가 될 것이다. 그리고 나면 손으로 쓰지 않고 3분 약 15~20단어 암기가 가능하다는 것과, 예상과 달리 암기 상태가 좋다는 사실도 순간적으로 깨닫게 된다.

내가 앞에서 직접 지도한 경우는 1~2회 시도로도 항상 만족할 만한 성과가 나왔었다. 하지만 독자들이 위에 제시된 절차에만 근거해 혼자 몇 회 시도 후 결과를 얻지 못하면 바로 포기할 수 있으므로, '약 20~30분 반복 암기'라는 시간 기준을 추가로 제시한 것이다. 남다른 단어 암기 효과를 체험할 수 있다면 새로운 방식에 대한 30분 정도의 집중 투자는 아깝지 않을 것이다.

테드식 단어 암기법의 효력을 최초 경험한 직후에는, 바로 새로운 단어들을 가지고 몇 차례의 추가 연습을 통해 3분 15~20단어 정도까지 한 번은 제대로 암기해 봐야 한다. 단, 영어 발음 기호 읽는 법을 처음부터 배워야 할 정도로 기초가 몹시 부족하다면, 1~2일 정도 발음 기호 및 파닉스 공부를 통해 단어만 보고 대충이라도 읽을 수 있는 능력을 먼저 갖춘 후 고속 암기를 시도해야 효과가 있다. 읽을 수 없으면 빨리 외울 수 없다.

(3) 한 번의 체험이 중요하다

요약된 절차에 따른 1~3회 시도를 통해 테드식 단어 암기법의 효과를 단 한 번이라도 대략 경험하면, 이 책의 전체 내용들이 생각보다 쉽게 이해될 것이다.

영어 단어 암기의 천재가 되는 비법

차례

1장 놀라운 체험

따라만 하면 3분 20단어 외울 수 있다

따라만 하면
3분 20단어 외울 수 있다

단어 암기가 어렵고 시간이 오래 걸리는 이유는 비효율적 암기 방법 때문이지, 능력이 부족해서가 아니다.

우연히 체험한 초고속 암기의 아홉 가지 비밀

특별한 의도 없이 우연히 한번 시도해 본 공부 방식으로 뜻밖의 효과를 경험한 사람들이 있을 것이다. 나도 고교 시절 무심코 한 차례 시도했던 영어 단어 암기 방식 때문에, 짧은 시간에 상상할 수 없을 정도로 많은 단어를 외우는 체험을 했었다.

3분간 집중해 약 20단어를 외우고, 하루에 몇백 단어는 암기할 수 있었으므로 일반적인 경우는 아니었다. 하루 7~8시간 집중하면 1,000단어 이상도 외울 수 있었고 기억도 오래 지속되었다.

중학교 때부터 공부를 많이 하면 머리가 깨질 듯 아픈 증상이 가끔 나타나기 시작했다. 그러다가 고교 입학 후 학습 시간을 급격히 증가하자 상태가 심해졌다. 3시간 정도만 집중 공부하면 머리가 멍해졌다가 극심한 두통과 몸살로 이어졌다. 병이 있었던 것은 아니다. 몸이 심각하게 허약해져 건강 관리가 필요했었는데 사정상 그렇게 하지 못했다.

고교 2학년 때로 기억한다. 몸 상태가 너무 안 좋았던 어느 날, 영어 교과서의 독해를 보고 있었는데 모르는 단어가 계속 나왔다. 그래서 평소처럼 영한사전에서 단어들을 찾으며 발음 기호와 해석을 교과서에 옮겨 적고, 단어와 해석을 연습장에 반복해 쓰면서 암기를 진행했다.

그런데 모르는 단어가 나올 때마다 독해를 멈추며 종이 사전을 펴고 단어를 찾는 것이 갑자기 너무 귀찮아졌다. 진도가 나가지 않았고 피곤하기도 했다. 사전 펴는 것 자체가 벅찼다. 그렇다고 다른 대안도 없었다. 온라인 사전이 존재하지 않았던 때고 일부 친구들이 사용하던 휴대용 전자 사전도 내용이 빈약했다. 두꺼운 종이 사전을 이용해야만 하는 시절이었다.

그때 문득 '영어 사전을 미리 다 외워 버리면 이렇게 힘들게 사전 찾을 필요 없고, 독해도 원활하게 할 수 있을 텐데'라는 생각이 들었다. '영어 사전을 한 장씩 외운 후 뜯어서 씹어 먹으며 공부했다'는 전설 같은 얘기를 수학 선생님 한 분이 하신 적이 있었는데, 과장된 우스갯소리로 들었었다. 그 얘기도 잠시 떠오르면서 '정말로 사전을 외워 볼까!'라는 마음이 생겼다.

학교 성적은 안 좋은데 건강 때문에 공부 시간은 늘릴 수 없어서 많이 힘들었던 때였다. 그래서 나도 모르게 잠깐 엉뚱한 생각을 한 것이다. 하지만 그 순간의 생각이 단어 공부로부터 자유로워지는 테드식 암기 방법을 발견하게 된 계기가 되었다. 그전에도 비슷한 고민을 한 적 있었지만 실행할 엄두가 나지 않아 생각으로 그쳤었다. 그런데 그 순간 무심코 특이한 행동을 하다가 뜻밖의 체험을 하게 되었다.

단순한 암기 방법이지만 이해를 돕기 위해 아홉 가지(비밀)로 구분해 정리해 보겠다. 처음 체험했을 때 깨닫게 된 내용 및 계속 연습하면서 추가로 습득하게 된 암기 요령들에 근거한 것이다.

1) 비밀 1: 쓰지 않고 눈과 입만 사용했다

반복해 쓰면서 천천히 단어를 외우는 습관만 버리면
단어 암기의 굴레에서 자유로워질 수 있다.

고교 때 단어 공부는 《에센스 종합 영한사전》을 주로 이용했었다. 두꺼운 사전을 사용하라는 영어 선생님들의 가르침에 따른 것이다.

대입용 간이 사전도 한 권 가지고 다녔다. 종합 사전에서 찾은 단어에 딸린 해석이 너무 많아 헷갈릴 경우 참조했다. 예문도 없고 단어별 해석도 한두 개여서 불안하긴 했지만, 해석들이 학교 교과서 수준에 맞는 것들이었다. 간이 사전은 페이지 당 큰 글씨로 약 10~15단어씩 약 5,000단어 정도 실려 있었다. 이미 알고 있던 단어들도 페이지별로 1~5개 정도씩 있었다.

사전을 외워 보겠다고 생각은 했지만 종합 사전은 아예 볼 엄두가 나지 않아서 간이 사전을 일단 폈다. 그런데 막상 쓰면서 외우려 하니 '역시 안 되겠구나!'라는 생각이 바로 들었다. 뜬금없는 발상이었으므로

영어 단어 암기의 천재가 되는 비법

당연했다.

바로 포기하며 답답한 마음에 눈으로 단어들을 약간 빠르게 쭉 읽어봤다(발음 기호도 같이 봤다). 교과서는 폈지만 공부하기 싫을 때 습관처럼 하던 행동이었다. 하지만 눈으로만 훑어봤는데도 단어들이 외워지는 느낌이 들었다. 그 순간 뭔가 뇌리에서 번뜩였다.

다시 진지하게 양쪽 페이지의 단어 전체를 눈으로만 보고 속으로 읽으며 반복 암기해 봤다. 기억되는 느낌이 명확했다. 검증을 위해 단어의 해석 부분을 종이로 가리고 영어 철자만 보며 의미를 떠올려 봤다. 실제로도 많은 단어들의 해석이 기억났다. 외워지는 속도가 상당히 빨랐고 느껴지는 기억 강도도 반복해 쓰면서 외울 때보다 좋았다.

다만 잘 안 외워지는 단어들이 일부 있었다. 철자가 조금 복잡하거나 특별한 이유 없이 인식이 잘 안되는 단어들이었다. 그런 것들만 의도적으로 살짝 소리 내 읽으며 외워 봤더니 암기가 다소 쉬워졌다. 다른 페이지의 단어들도 눈과 입을 동시에 사용해 몇 차례 더 외워 봤는데, 눈으로만 볼 때보다 확실히 효과가 있었다.

그 전에도 단어장을 만든 후 가지고 다니면서 눈으로만 외운 적이 있었다. 그러나 연습장에 쓸 수 없는 상황에서 어쩔 수 없이 하는 것이고, 나중에 쓰면서 복습하지 않으면 제대로 외워지지 않을 것이라고 생각했었다. 그런데 단어 공부 방법에 대해 고민하고 있던 중이었기 때문인지 몰라도, 비슷한 방식이었음에도 불구하고 완전히 새로운 깨달음 몇 가지를 얻었다.

첫째, '눈과 입만 사용해도 외울 수 있겠네!'라는 인식이 생겼다. 쓸 때보다 잘 외워진다는 생각을 처음으로 했다.

둘째, 단어 암기 속도를 적절히 높이면 잘 외워진다는 것을 깨달았다. 처음에 별생각 없이 약간 빠르게 봤을 때 암기가 잘되는 것을 직감했다. 그래서 속도를 조금 올려봤는데 더 잘 외워졌다.

셋째, 쓰지 않으면 단어와 해석의 암기에 더 집중하게 된다는 것을 알았다. 쓰면서 외울 때는 암기 상태보다 연습장을 빼곡히 채우는 것 자체에 만족하는 경향이 있었다. 그런데, 눈과 입으로만 외우자, 단어와 해석이 확실히 기억되는지 여부를 순간순간 의식하고 집중하게 되었다.

넷째, 반복 암기 횟수가 증가되었다. 쓰는 부담이 없다 보니 몇 초 만에도 단어와 해석을 여러 차례 볼 수 있었다. 그래서인지 눈과 입만 사용했음에도 쓸 때보다 암기가 잘됐다.

다섯째, 쓰지 않았음에도 철자에 대한 부담이 조금밖에 없었다. 영어 단어만 보고 해석을 기억해 내는 데는 전혀 문제가 없었고 철자도 생각보다 잘 기억되었다. 일정 기간 연습 후에는 아예 신경 쓰지 않게 되었다. 내가 가장 신기하게 여겼던 현상이다. 나중에 궁금해서 그 이유를 분석했었는데, 1장 02단원에서 자세히 설명될 것이다.

'반복 쓰기 방식'을 벗어난 고속 단어 암기의 첫 경험은 지금껏 설명한 것이 전부다. 그러나 내가 체험한 성과는 대단했다. 눈과 입만 사용해 간이 사전 두 페이지의 새 단어 20~30개 정도를 금방 외웠다. 처음

영어 단어 암기의 천재가 되는 비법

몇 차례 암기해 볼 때 시간을 측정하지는 않았었지만 나 스스로 놀랄 정도로 빠르게 많이 외워졌다.

원리의 이해(세부내역 ⇒ 2장 01단원 참조)

· 반복 쓰기는 뇌 자극이 약하다.
- 기억 강화에 영향이 적은 기계적 반복을 하게 된다.

· 눈과 입만 사용하면 암기 속도가 빨라진다.
- 손으로 한 번 쓸 시간에 5회 이상 반복 암기를 할 수 있다.

· 반복 쓰기는 장기 지속되는 기억 형성이 어렵다.
- 쓰는 시간이 오래 걸리므로 많은 단어를 외우는 경우 일 차로 외운 단어의 망각 전 복습이 힘들다.

· 암기 속도가 빨라지면 자동 집중이 된다.
- 약간의 긴장은 자연스런 집중을 유도한다.

2) 비밀 2: 입은 반드시 움직였다

입 근육을 움직이면 기억이 강화된다.
입 동작은 뇌의 지시로 이루어지므로 입을 다물고 외울 때에 비해
뇌 자극이 더 강해지기 때문이다.

테드식 단어 암기법을 처음 몇 회 시도할 때는 눈으로 보고 속으로 읽으며 외웠다. 그런데 단어 난이도가 높아 잘 안 외워지는 단어들이 있었다. 철자를 자신감 있게 읽지 못한 것들이 대부분이었다. 그래서 의도적으로 입을 움직이면서 일일이 발음하며 외웠더니 암기 강화 효과가 있었다. 교실에서 쉬는 시간에 주로 단어를 외웠기 때문에 주변을 의식해서 거의 소리를 내지 않았는데도 그랬다.

소리를 내면 잘 외워진다는 것을 모르는 사람은 없다. 나도 마찬가지였다. 그런데 '소리를 내지 않고 입 근육만 움직여도 기억이 강화된다'는 것은 그때 처음 깨달았다. 쓰지 않고 외우다 보니 새로운 시도를 하게 되고 그 전에는 느끼지 못했던 사실도 알게 된 것이다.

나중에 도서관이나 버스처럼 소리를 낼 수 없는 장소에서 단어 암기할 때도 입은 반드시 움직였다. 크게 움직일수록 효과가 더 컸다. 남들이 보는 것이 신경 쓰이는 경우 손으로 입을 가린 상태로 했다. 지금도 외국어 단어 암기할 때는 그렇게 한다.

원리의 이해(세부내역 ⇒ 2장 02단원 참조)

· **입을 움직이면 뇌 자극이 강해진다.**
- 단어를 뇌가 인식한 후 입 근육이 움직이도록 명령을 주는 과정에서 뇌의 감각 및 운동 영역이 자극받는다.

영어 단어 암기의 천재가 되는 비법

· 입을 움직이면 소리 기억이 강화된다.
- 속으로만 읽을 때보다 뇌가 소리를 더 강하게 인식한다.

3) 비밀 3: 3분에 20단어씩 끊어서 외웠다

3분 20단어씩만 집중 암기하면 수천 단어도 재미있게 외울 수 있다.
또한 제한된 짧은 시간에 많은 단어를 외우면,
긴장이 형성되어 자동 집중이 유지된다.

첫날 체험 이후에 계속 테스트를 해 보았다. 그러면서 손으로 쓰며 외울 때와 비교할 수 없을 정도의 암기 성과를 반복 확인했다. 더 빠르게 몇 배 많은 단어가 외워졌다. 효과에 확신이 생기자 내 발견을 친구들에게 자랑하고 싶어졌다. 특별한 암기 비법이란 생각은 안 했다. 다만, 뭔가 남다른 것을 먼저 경험했다는 점이 어린 마음을 흥분시켰던 것 같다.

지금 중고교 학생들도 그런지 모르겠지만, 당시에는 역사나 지리 등 암기 과목들을 공부할 때 특이하게 외우는 것이 유행이었다. 앞 글자(두음)만 따서 외우거나, 암기할 낱말들을 섞어서 재미있게 만든 이야기로 외우곤 했다.

나의 경우도, 지금까지 수십 년간 국내 판매되고 있는 일본 번역서인

와다나베 다까아끼(ワタナベ タカアキ)라는 분의 《천재적인 기억법》에서 읽었던 연상 암기법을 이용해 보곤 했다. 외울 내용들을 기발한 이야기 및 상상 속의 이미지와 결합한 후, 감정까지 이입해 암기하거나 숫자를 글자로 변환해 외우는 연상 방식들이었다. 친구들에게 무작위로 한국어 낱말들을 수십 개 종이에 쓰게 한 후, 순식간에 암기해서 순서대로 기억해 내는 시범을 보인 적도 있었다.

어쨌든, 친구들에게 보여 줄 새로운 단어 암기 방법을 찾아낸 것에 기분은 들떴지만, 영어 단어를 눈과 입만 사용해 빨리 외운다고 말해 봤자 관심 끌 일은 아니라고 생각했다. 효과를 증명할 남다른 기준이 필요했다. 그래서 정해진 짧은 시간에 누구도 예상 못할 정도로 많은 수의 단어 암기 시범을 보여 주기로 했다. 효과가 확실했기 때문에 약간의 훈련으로 이미 자신감이 붙어 있었다.

내 나름대로 정한 시범 조건은, 친구들이 내가 가지고 있던 간이 사전을 무작위로 펴면, 양쪽 페이지의 단어들을 가능한 한 빠른 시간 내에 암기 후 바로 평가받는 형태였다. 그래서 시간을 측정하면서 단어 외우는 속도를 계속 높이는 방식으로 연습을 했다(자세한 내용은 1장 03단원에 정리되어 있다).

며칠 정도의 훈련 후에, 간이 사전 어디를 펴든 양쪽 페이지의 단어들을 3분 정도의 시간 내에 거의 다 외울 수 있었다. 모르는 단어 기준 평균 20개 정도 암기되었다. 쉬운 단어들이 많으면 그 이상도 외울 수 있었지만 어려운 단어들 비율이 높아도 20개는 가능했다. 그 결과에 근거해 3분 20단어 암기를 단어 난이도에 관계없이 언제든 달성 가능한 목표로 정했다.

• 암기 속도가 빨라지자 자동 집중이 되었다

시간을 재며 암기 연습하면서 새로운 사실을 알게 되었다. 암기 속도가 빨라질수록 잡념이 생기지 않는다는 점이다. 마치 시간이 멈춘 듯 아무 생각도 나지 않고 고도 집중이 되었다.

너무 속도를 내면 단어 인식이 되지 않고 과도한 긴장으로 피곤해지는 부작용이 생겼다. 하지만 3분 20단어 정도까지는 속도를 올릴수록 집중력도 높아지면서 무의식적 몰입 상태가 되었다. 지루해지거나, 주위를 둘러보거나, 다른 생각을 할 틈이 없어졌다.

손으로 쓰지 않자 당연히 암기 속도가 빨라지게 되었고 그로 인해 또 다른 새로운 체험을 하게 된 것이다.

• 조금씩 분리해서 암기하자 지루하지 않았다

3분 20단어 암기 목표를 설정해 연습하면서 다른 사실도 깨달았다. 단어 수가 아무리 많아도 일정 단어씩 분리해서 집중 암기하면 흥미롭게 학습할 수 있다는 것이다.

반복 쓰기로 외울 때는 하루 단어 공부 시간을 1~3시간 정도로 계획한 후, 시간 전체를 의식하면서 공부했었다. 시간이 길어서인지 학습하는 동안 집중 상태를 꾸준히 유지할 수 없었고, 지겹고 힘들지만 목표한 시간 동안만 참으며 억지로 한다는 느낌이 있었다.

하지만 3분 20단어 정도만 외우면 끝인 것처럼 집중하다 보니 그런 문제가 해결되었다. 몸 전체의 에너지가 떨어지기 전까지는 지루하지 않았다. 결과적으로 그런 3분의 순간들이 누적되어 수많은 단어들을 단시간에 효과적으로 외울 수 있었다. 일정 기간 연습한 후에는 중간 중간 쉬어 가며 한 시간 동안 100단어 이상도 외울 수 있게 되었다.

나중에 다른 외국어들 단어를 암기할 때도 아주 유용하게 적용한 방식이다. 20단어로 끊지 않더라도, 한 페이지 혹은 두 페이지만 순간 집중해 고속으로 외우는 식으로 응용하기도 한다.

• 암기법을 유연하게 이용할 수 있게 되었다

3분 20단어 암기에 익숙해진 후에는 암기 속도와 절차는 비슷하게 유지하되 3분으로 시간을 제한하지 않고 외우는 방식을 병행했다. 시간을 3분마다 검토하는 것이 귀찮아서다. 하지만 3분 20단어 암기할 때의 집중력과 감각이 유지되었다. 효율적인 암기법에 대해 체험하고 깨달은 상태이므로 좀 더 실행하기 편한 방식으로 발전시킨 것이다

그러다가 집중력이 떨어지면 다시 3분 20단어 기준에 맞춰 외웠다. 잡념이 생기거나 암기가 지루해질 때 시간과 단어 수를 제한하면 아주 쉽게 자동 집중이 된다.

영어 단어 암기의 천재가 되는 비법

· **고속으로 암기하면 자동 집중이 된다.**
- 적절히 빠른 암기 속도는 긴장을 유도하고, 긴장은 자동 집중 상태로 만들어 준다.
- 긴장하면 집중 상태를 만드는 신경전달 물질인 '노르에피네프린'이 뇌에 분비된다.

· **적절한 긴장은 뇌를 활성화한다.**
- 긴장을 하면 뇌의 에너지원인 포도당 생산량이 증가하고, 심장 박동도 높아져 뇌에 보내는 혈액량이 늘어난다.
- 혈액은 포도당과 산소를 운반하므로 뇌로 공급되는 혈액량의 증가는 순간 집중과 빠른 사고를 가능하게 한다.

4) 비밀 4: 발음과 철자의 정확성은 신경 안 썼다

고속 암기 및 집중에 방해되는 것들은 일단 배제해야 한다.
그러면 단어를 더 정확하고 빠르게 외울 수 있다.

고속 암기를 하다 보니 연습을 시작한 초기에는 발음이 정확한지 철자가 제대로 외워질지 약간 신경 쓰였다. 눈과 입만 사용해 순간적으로 발음 기호와 철자를 읽었기 때문이다.

그런데 외우는 도중 발음과 철자에 신경을 쓰는 순간 집중력이 저하되었다. 그렇게 외운 단어는 암기 직후 평가 시에도 성과가 안 좋았다.

그래서 '대충이라도 암기되지 않으면 어차피 단어의 알파벳 하나도 쓸 수 없게 되고 해석도 외울 수 없으므로, 암기가 먼저고 발음과 철자의 정확성은 암기 직후나 필요할 때 보완하면 된다'고 편하게 생각했다. 고속 암기로 영어 단어만 보고 해석을 기억해 내는 것은 문제가 없었고, 그 정도면 학교 시험에 충분히 대응할 수 있었기 때문이다.

다행히 눈과 입만 사용해 외우는 방식으로 며칠간 연습한 후에는 초기에 가졌던 철자 및 발음에 대한 걱정이 자연스레 사라졌다. 연습장에 반복해 써야만 영어 단어를 제대로 외울 수 있다는 생각이 일종의 강박관념이었다는 것을 깨닫게 되었다.

• 발음을 대하는 규칙을 미리 정했다

정확하게 발음하지 않아도 단어 암기에는 큰 영향이 없었다. 하지만 좀 더 자신감 있게 단어를 읽으면 기억이 잘되는 것을 고려해, 발음 관련해 평소 신경 쓰였던 부분들을 점검했다. 그리고 암기 효과를 높이기 위해 고속 암기 도중 지킬 규칙을 아래와 같이 나름대로 정리했다.

① 원어민들의 미묘한 발음 뉘앙스에 대해 고속 암기 도중에는 전혀 의식하지 않기로 했다.

② 에(e), 에(ɛ), 애(æ)의 소리를 하나처럼 의식하고, 오(o)와 오(ɔ), 어(ə)와 어(ʌ), 그리고 즈(ʒ) 및 즈(z) 사이 발음이 조금씩 다름에도 불구

영어 단어 암기의 천재가 되는 비법

하고 구분 안 하기로 했다.

③ 장모음과 강세도 신경 쓰지 않기로 했다.

④ 발음 기호 보는 것이 귀찮으면, 영어 단어만 보면서 내가 낼 수 있는 발음으로 읽기로 했다.

나는 중고교 시절 동안 발음의 뉘앙스를 정확히 배운 기억이 없다. 지금처럼 온라인으로 배울 수도 없었고 파닉스(phonics) 자료를 본 적도 없다. 단지 종합 영한사전 앞에 정리된 발음 기호 설명을 참조하는 정도였다. 그래서 발음에 대한 심리적 불안감이 항상 있었다. 고속 암기를 할 때 그런 부분이 방해가 되었기 때문에 나름대로 해결하려 한 것이다.

그러나 발음 기호를 읽는 것에 대해 규칙을 정했음에도 불구하고, 막상 암기할 때는 그조차도 전혀 신경 쓰지 않고 집중했다. 연습을 하다 보니 자연스럽게 그렇게 되었다. 다만 애매한 부분에 대해 미리 정리를 했기 때문인지 더 편하게 집중할 수 있었다.

번거로워서 발음 기호를 아예 보지 않고 철자만 보고 발음 나는 대로 읽으며 외울 때도 있었다. 그렇게 해도 주저하지 않고 또박또박 읽기만 하면 단어는 잘 암기되었다.

마침 고교 시절 제2외국어로 독일어를 배우고 있었는데, 독일어는 영어와 달리 모음 발음이 하나이므로 몇 가지 예외적인 발음규칙만 알면 발음 기호 없이 읽을 수 있었다. 반면에 영어는 독일어와 달리 모음 하나에 발음이 여러 개라는 것이 철자만 보고 읽는 데 있어 가장 큰 장애물인데, 암기 속도 유지를 위해 독일어처럼 모음을 대표 발음인 아(a), 에(e), 이(i), 오(o), 우(u)로만 읽으면서 외우기도 했다. 영어 단어를 보고 해석을 떠올릴 수 있을 수준으로만 일차적으로 암기되면, 나중에 정확한 발음을 확인하고 익히는 것은 쉬웠기 때문이다.

회화나 듣기 공부를 병행하고 있거나, 원어민의 발음과 차이가 날까 봐 우려되어 정확한 발음까지 동시에 학습하고 싶다면, 암기 직후 온라인 전자 사전의 발음 듣기 기능을 이용해 연습하도록 한다. 단어와 해석이 암기된 상태에서 발음 공부는 빠르고 쉽게 진행할 수 있다. 하지만 처음부터 각 단어의 발음을 정확히 확인하면서 외우면 고속 암기를 할 수 없다. '선 단어 암기 → 후 발음 공부'의 순서를 지키는 것이 중요하다. 투박한 발음으로라도 발음 기호만 읽을 수 있으면, 심각한 발음 왜곡 문제는 애초에 발생하지 않는다.

원리의 이해(세부내역 ⇒ 2장 04, 05, 06 단원 참조)

· **발음과 철자의 정확성에 신경 쓰면 집중력이 떨어진다.**
- 먼저 암기 후 나중에 보완해야 최종 성과가 좋아진다.
- 대략적인 철자와 해석 암기 후 정확성 보완은 쉽다.

영어 단어 암기의 천재가 되는 비법

· 발음 기호는 한국식으로라도 확실히 읽어야 한다.

- 암기할 때는 정확한 발음보다 자신감 있게 읽는 것이 기억을 더 강화한다.
- 유창함을 생각하지 말고 외운 후 교정해야 한다.

· 쓰지 않고 눈과 입으로만 외워도 소리 기억과 시각 기억의 상호 작용으로 철자가 어느 정도 암기된다.

- 철자 모양에 대한 시각 기억, 소리에 대한 청각 기억, 입을 사용함으로 인한 운동 기억, 해석에 대한 기억 등이 뇌에서 상호 연결된다.
- 소리를 나타내는 발음 기호와 알파벳이 일치하는 부분이 많아 소리를 기억하면 철자도 일정 부분 자동 기억된다.

5) 비밀 5: 해석은 한 개 먼저 외웠다

주요 해석 하나를 제대로 암기하는 것이 중요하다.
여러 해석을 보다가 아무것도 외우지 못할 수 있다.

테드식 단어 암기법을 체험하기 전에는, 영어 단어 못지않게 한 단어에 딸린 다양한 해석을 외우는 것 때문에도 피곤했다. 두꺼운 사전을 이용해 가능한 한 많은 해석을 봐야 된다는 생각을 가지고 있었고, 학교에서도 그렇게 배웠던 것 같다.

다행히 테드식 암기법 초기 연습할 때 주로 사용했던 간이 사전이, 단어별로 고교 수준에 맞는 주요 해석 한 개 위주로 작성되어 있었다.

어쩌다 두 개 있었다. 사전을 제작했던 전문가들이 고교 과정 및 대입 시험에 대한 분석을 거쳐, 불필요한 해석들을 배제했기 때문인 것 같다. 어쨌든 그 덕택에, 새 단어 암기할 때는 주요 해석 한두 개만 먼저 외우는 것이 암기 효율성을 높인다는 것을 깨달을 수 있었다.

나중에 한 단어당 여러 해석이 수록된 단어 자료들로 공부할 때도, 맨 앞의 해석(잘 작성된 단어 자료라면 가장 많이 사용되는 중요한 해석이 맨 앞에 있을 것이다.) 위주로 전체 단어 암기를 완료했다. 부득이하게 해석 여러 개를 알아야 하는 경우는 복습할 때 추가로 외웠다. 그러면 집중력을 유지할 수 있어서 최종 암기 성과가 좋았다. **단어와 해석 하나가 기준처럼 암기된 상태에서 다른 해석들을 추가로 외우는 것은 쉬웠다.**

• 필요한 해석만 암기하면 되었다

고교 시절 학교 시험을 보면서 어느 순간 깨달은 것이지만, 고교 교과 과정에 맞지 않는 해석을 요구하는 문제는 출제되지 않았다. 사실 당연한 것인데 고속 암기를 실행하기 전에는 정확히 인식하지 못했다. 그래서 불안한 마음에 영한사전에 두꺼운 글씨로 강조되어 있는 해석들을 교과서의 영어 단어 밑에 잔뜩 옮겨 적는 경우도 많았다.

고속 암기가 익숙해지면서, 단기간에 대입용 간이 사전의 약 5,000개 정도 되는 단어들을 거의 다 외울 수 있었다. 그러자 교과서 독해 지문 해석, 문법 공부 및 학교 시험에서 단어 때문에 고민할 필요가 없어졌다. 간이 사전에 있는 해석이 단어별로 한두 개씩만 있었음에도 불구하고, 고교 과정에 필요한 것들은 거의 빠짐없이 정리되어 있었던 것이다. 그런 경험을 통해, 비전문가인 내가 종합사전에 수록된 다양한 해석들 중, 특정 공부 과정에 필요한 것들만 고르기는 상식적으로 어려우므로, 전문가가 작성한 단어 자료 위주로 공부해야 한다는 것을 인식하게 되었다. 효율적 해석 학습 방식에 대한 관점이 생긴 것이다.

그 이후로는 스스로 찾아보든 혹은 주변 사람의 조언을 듣든 간에, 해당 분야 영어 전문가들이 오랜 기간의 분석을 거쳐 작성한 단어 자료를 먼저 보는 것을 원칙으로 하고 있다. 내가 목표로 하는 공부나 시험과 관련 없는 해석을 찾고 암기하는 것에 시간을 낭비하지 않기 위해서다.

원리의 이해(세부내역 ⇒ 2장 06단원 참조)

· **집중을 위해 주요 해석 하나만 먼저 외운다.**
- 추가 암기가 필요한 경우는 3분 20단어 암기 후나 복습할 때 한다. 그러면 최종 암기 성과가 좋아진다.

· **필요한 해석들만 명확히 정리된 단어 자료를 봐야 한다.**
- 공부하는 분야와 관련 있는 해석들만 정리되어 있어야 한다.

6) 비밀 6: 20단어 사이를 몇 바퀴 돌며 암기했다

새 단어를 처음 볼 때는 뇌가 강하게 자극받지만,
계속 반복해 보면 뇌가 지루함을 느껴 자극이 약해진다.

테드식 암기법 처음 체험 후 며칠간은 한 단어씩 순서대로 가능한 한 완벽히 외우려고 했다. 예를 들면, 3분 동안 첫 번째부터 20번째 단어까지 꼼꼼히 외운 후, 시간이 좀 남으면 전체 단어들을 속독하며 1~2회 최종 복습하는 형태였다. 그런데 각 단어들을 순간순간 확실히 암기하고 지나갔다고 느꼈는데도, 마지막에 20단어 전체를 점검할 때 기억 상태가 불안한 것들이 나타났다.

그래서 암기하기 편하게 20단어들을 눈어림으로 대략 10개씩 구분 후, 10단어들 사이를 3~4회 빠르게 돌며 외워 봤다. 그리고 앞의 10단어 암기가 끝나면 다음 10단어로 이동하는 순서로 20개를 외운 후, 최종적으로 단어 전체를 1~2회 속독하며 점검하는 방식으로 변경했다. 3분의 시간제한은 동일하되 한 단어에 계속 머무는 시간의 길이를 줄인 것이다.

몇십 초간의 간격이었음에도 불구하고, 다른 단어들을 한 바퀴 순환하면서 외우다가 다시 특정 단어로 돌아오면, 암기 상태가 약하거나 잊어버린 단어들이 명확히 확인되었다. 그런 단어들은 더 집중해 외웠다. 이미 잘 외워졌던 단어들에 대한 인식도 계속 한 단어만 볼 때에 비해 강해지는 효과가 있었다. 결론적으로 기억이 강화되었다.

한 단어를 연속으로 반복해 보는 시간이 길어지면 뇌 자극이 약해진다. 계속 본다고 기억이 잘되는 것이 아니다. 3분간의 짧은 시간 내에서도 뇌 자극이 강한 방식의 반복 암기를 해야 기억이 더 강해진다. 나중에 시간을 3분으로 제한하지 않고 외울 때도, 10단어 정도씩 끊은 후 단어들 사이를 여러 바퀴 돌면서 외우는 방식은 유지했다.

• 순환 반복 암기절차

3분 동안 20단어를 대략 10단어씩 나누어 순환 암기하는 절차는 아래와 같다. 숫자를 정확히 나눌 필요는 없다. 20단어 전체를 대상으로 해도 되고, 5단어 정도씩 구분해도 상관없다. 편한 방식으로 하면 된다. 나에게는 10단어씩 나눠서 외울 때가 적정했다.

① 20단어를 앞 단어부터 순서대로 약 10단어씩 두 그룹으로 나눈다.

② 첫 번째 그룹 10단어 중 'A'라는 단어의 영어 철자와 해석을 연속으로 몇 차례 보며 외운다(약 2~3초 정도). 그리고 대략 암기되었으면 다른 단어로 이동한다. 'A' 단어 1회 암기를 한 것이다.
→ 암기 상태를 확인하기 위해, 외우는 중에도 수시로 손이나 종이로 해석을 가리고 영어 철자만 보며 해석을 떠올려 본다.

③ '①'과 동일한 방식으로 나머지 9단어를 하나씩 빠르게 외운 후에 다시 'A' 단어로 돌아온다. 암기가 잘되어 있으면 가볍게 본다. 만약

기억 강도가 약하면 집중해서 다시 외운 후 다음 단어로 이동한다. 'A' 단어를 2회 암기한 것이다.

④ 첫째 그룹의 10단어들 사이를 '②~③' 방식으로 한두 차례 더 돌아가며 암기한다. 각 단어들을 3~4회 순환하며 외우는 것이다. 영어 단어만 보고 해석을 바로 떠올릴 정도로 암기되었으면 다음 단어 그룹으로 이동한다.

⑤ 두 번째 그룹(11~20번째)의 단어들 사이를 '②~④'와 동일한 방식으로 3~4회 순환 암기한다.

⑥ 최종적으로 20단어 전체를 2회 정도 아주 빠르게 보면서, 기억되지 않았거나 상태가 약한 단어들 위주로 재암기한다.

원리의 이해(세부내역 ⇒ 2장 07단원 참조)

· **한 단어만 연속 반복 암기하면 뇌 자극이 약해진다.**
- 반복 횟수에 비례해 기억이 강화되지는 않는다.

· **몇 초나 몇십 초의 간격을 두고 외워도 뇌가 자극을 받는다.**
- 다른 단어들을 보다가 다시 돌아와서 외우면 뇌 자극이 강해진다. 기억을 강화하는 **'간격 효과'**가 발생한다.

영어 단어 암기의 천재가 되는 비법

7) 비밀 7: 암기 직후 눈과 입으로 평가했다

암기할 단어를 여러 번 기억시키는 것(입력)보다,
해석을 안보고 한 번 떠올리는 것(출력)이 기억 강화에 더 효과적이다.

3분간 20단어 암기 완료 후에는 바로 테스트를 했었다. 해석만 가리고 영어 단어를 보며 떠올리는 간편한 방식으로 했다.

평가 시 해석이 바로 떠오르지 않거나 아예 기억나지 않는 단어들은 표시 후, 1분 내의 추가 시간에 다시 외우며 재평가했다. 그런 단어들은 평균 1~3개 사이였다. 단어들을 보자마자 해석이 즉각 떠오르면 모든 암기를 완료했다. 해석이 바로 떠오르더라도 낯선 느낌이 남아 있는 단어들은 몇 차례 더 봤다. 익숙하게 느껴질 때 기억이 더 오래 유지되기 때문이었다.

3분 20단어 고속암기를 한 후의 추가 1분은 엄청나게 길게 느껴졌다. 뇌의 정보 처리속도가 빨라진 상태가 적어도 몇 분은 유지되었기 때문일 것이다. 게다가 3분 동안 이미 몇 차례 봤던 단어들이므로 쉽게 외울 수 있었다.

빠른 암기 속도 유지를 위해 보충 암기 시간은 1분을 넘기지 않으려 했다. 그런 노력이 고속 암기 습관화에 도움이 되었다.

3분 암기 직후 평가와 1분 보충 학습은 아래와 같은 절차로 진행했다.

① 20단어 전체 해석을 '종이'로 가린 채 영어 단어만 보면서 떠올려 본다.

② 해석이 바로 떠오르지 않은 단어는 반드시 필기구(연필)로 표시한다.
→ 그 자체로 뇌가 자극받아 기억이 강화되었다.

③ 표시한 단어들을 1분 내에 다시 반복 암기한 후, 단어를 가리고 해석을 떠올린다. 가능한 한 빨리 완료한다.

④ 재암기한 단어들의 영어 철자만 보고 해석이 즉시 쉽게 떠오르면 모든 과정을 완료한다.
→ 해석이 쉽게 떠올라야 기억이 적어도 며칠간은 유지되었다. 어렵게 기억나면 당일 망각되는 경우가 많았다.

암기할 때 '3분 20단어 암기 + 즉시 평가 + 1분 보충 학습' 기준은 가능한 한 지켰다. 하지만 암기 도중 쉬는 시간은 특별히 제한하지 않았다. 20단어 외운 후 몇십 초나 몇분 정도 쉬었다. 그런 방식으로 하루 1,000단어 이상도 암기해 봤다.

· 암기 직후 간이 평가는 기억을 강화했다

처음에는 3분 20단어 암기 성과를 확인하기 위해서 간이 평가를 했는데, 안 했을 때에 비해 기억이 오래 유지되었다. 그때는 이유를 몰랐지만 '출력(생각해 내는 것)'행위가 기억강화에 미치는 영향이 컸던 덕

영어 단어 암기의 천재가 되는 비법

택이었다. 뇌 과학으로 검증되어 있다.

암기 직후뿐만 아니라 외우는 중에도 단어들이 일차적으로 암기되었다고 판단되면 간이 평가를 했다. 단어를 보면서 입력만 하고 있으면 기억 상태가 정확히 파악되지 않아서다. 평가를 통해 확인 후 기억이 약한 단어는 더 집중해서 암기했다.

하지만 평가 행위 자체로도 기억이 확실히 강해지는 것을 직감했다. 해석만 손이나 종이로 가리고 단어를 보며 떠올리는 것이므로 그다지 힘들지도 않았다.

• 암기 직후 평가는 흥미유지와 동기부여에 도움이 되었다

3분 암기 직후 평가하고 성과를 바로 확인하는 방식을 통해 혼자서도 재미있게 단어를 외울 수 있었다. 단어를 몇 시간, 며칠 동안 계속 공부한 후 단어 문제를 푼다는 생각이었으면 집중 유지가 어려웠을 것이다. 그런데 3분 20단어라는 단기 목표여서 집중이 쉬웠고, 달성이 가능했으며, 외우자마자 탁월한 성과를 확인할 수 있어서 순간순간 동기부여가 되었다.

목표가 달성 가능하지 않거나 너무 멀어 보이면 동기 부여효과가 떨어지는데, 3분 20단어 암기 기준은 그런 문제들을 예방해 줬다. 3분을 제한하지 않고 암기할 때도 몇십 단어 정도 암기 후에는 간이 평가를 하는 방식을 가능한 한 유지했다.

· **평가(시험 등)는 뇌 자극을 통해 기억 강화 작용을 한다.**
- 여러 번의 주입보다 한 번의 출력이 기억을 더 강화한다.

· **단순하면서도 쉬운 평가 방식을 사용해야 부담이 적다.**
- 해석을 가리고 단어만 보며 떠올리는 방식이 효과적이다.
- 사지선다형, 괄호 넣기 유형은 오히려 부담을 준다.

· **목표는 단기로 설정하되 달성 가능해야 효과적이다.**
- 단기 평가로 자주 동기 부여가 되면 공부 과정이 흥미로워진다.

8) 비밀 8: 표시하고 보완했다

표시가 뇌를 자극한다.
중요하기 때문에 반드시 기억해야 한다는 신호를 뇌에 준다.

잘 안 외워지거나, 암기 직후 평가 시 기억이 확실하지 않은 단어들은 앞에 연필로 표시(√)했다. 그리고 더 강하게 집중하며 더 자주 암기했다. 며칠 지나서 점검해 보면, 표시한 후 다시 암기했던 단어들이 처음부터 쉽게 외워졌던 것들보다 예상 외로 더 잘 떠올랐다. 뇌 자극의 강도가 장기 기억 유지에 중요했던 것이다. 동일한 경험을 한 사람들이 많을 것이다.

　발음이나 철자를 정확히 알아야 할 필요가 있거나, 해석을 추가로 외워야 하는 경우에는 암기 완료 후 보완을 했다. 철자, 소리, 해석이 어느 정도 암기된 상태에서의 교정이나 보완은 시간도 오래 걸리지 않고 쉬웠다.

　철자를 정확히 알 필요가 있을 때는 '휘갈겨 쓰기'를 했다. 연습장에 빠르게 낙서하듯 쓰는 방식을 말한다. 고속 암기가 습관화되면 천천히 쓰는 것 자체가 힘들어지고 시간 낭비로 여겨지게 된다. 빠르게 쓴다고 글씨체가 갑자기 나빠지지 않는다.

원리의 이해(세부내역 ⇒ 2장 07단원 참조)

· **표시 행위 자체가 기억을 강화한다.**
- 중요한 정보라는 신호를 뇌에 주는 것이다.

· **표시된 단어들 집중 공부로 암기 효율이 높아진다.**
- 잘 암기된 단어들에 시간을 많이 투자할 필요 없다.

---

9) 비밀 9: 5배 넘는 속도로 누적 복습했다

1차 암기된 단어들이 기억에 80~90% 정도 남아 있을 때 복습하면,
처음보다 약 5배 이상의 속도로 보면서 기억도 강화할 수 있다.

3분 20개씩 외운 후 즉시 평가하고 1분 내에 보충 학습한 단어들은, 추가 복습 없이도 4~5일 경과 시점까지 기억에 꽤 많이 남아 있었다. 나중에 친구들에게 암기 시범 보였을 때 기억 지속 기간에 의문을 제기하는 사람이 있어서, 의도적으로 테스트해 보고 확인했다.

영어 단어만 보고 해석이 즉시 떠오르지 않는 경우에도, 해석과 같이 보면 외웠던 기억이 되살아났다. 반면에 아예 망각된 단어들은 생전 처음 보는 것들처럼 인식되었다.

그런데 복습 없이 7일 정도 경과 후에 외웠던 단어들을 점검하면 망각된 단어들이 기억하고 있는 단어들 보다 많아졌다. 따라서 최초 암기 후 늦어도 4~5일 내에는 1차 복습을 해야 했다. 하지만 4~5일이 되는 시점까지 기다렸다가 1차 복습하는 것은 비효율적이라고 생각했다. 암기 후 시간이 경과할수록 망각되는 단어들의 수가 증가하기 때문이다. 더 빠른 기간 안에 복습을 시작할 필요가 있었다. 또한 한 차례의 복습으로 장기간 지속되는 기억을 만들기는 쉽지 않으므로 3~4회 이상의 복습은 필수였는데, 효율적인 방식으로 전체 학습 기간을 단축해야 한다고 판단했다.

그래서 1차 암기한 단어들이 기억에 80~90% 남아 있는 상태인 1~2일 내에 1차 복습하고, 그 이후에도 1~2일 간격을 유지하며 복습해서 2주 내에 '간이 사전' 한 권을 다 외워 보기로 했다. 고속 암기에 익숙해지면서 그런 학습이 가능하다는 것은 이미 체감하고 있었다. 다른 공부도 해야 하므로 단기 완료 가능한 단어 공부를 미리 끝내 버리고, 취

영어 단어 암기의 천재가 되는 비법

미 생활처럼 가끔 복습하며 기억 유지를 하자는 생각이었다.

• 고속 누적 복습을 했다

복습은 고속 누적 방식으로 했다. 처음 암기 후 하루나 이틀 후에 단어 공부를 할 때면, 새 단어들 외우기 전에 직전까지 암기했던 것들을 눈과 입만 사용해 속독하며 봤다. 최초 암기할 때보다 약 5배 이상 빠르면서도 에너지는 적게 들었다. 기억이 대부분 남아 있었기 때문이다.

반복 쓰기로 외울 때는 몇 시간씩 공부해도 진도가 별로 안 나가서, 망각 전 복습 자체를 제때 못 했었다. 어쩌다 하는 복습도 시간이 오래 걸려 시도 자체가 너무 부담이 되었다. 기억을 강화하기 위해서는 복습이 필수적임에도 무의미한 진도 나가기에만 열중했었다. 하지만 눈과 입만 사용하는 방식 위주로 외우게 되면서 복습 기간 관리 문제와 복습에 대한 부담이 동시에 사라졌다.

복습할 때는 기억이 명확한 단어들은 가볍게 스치듯 보며 넘어가고, 기억 상태가 안 좋거나 표시가 되어 있는 단어들을 집중적으로 봤다. 이때는 평가도 하지 않고 반복해 보는 것에만 집중했다. 그게 편했고 빨리 많은 단어들을 복습할 수 있었다.

한 차례씩만 복습한 것은 아니다. 그렇게는 장기 지속 기억을 못 만든다. 매일 새 단어들을 암기하기 전에, 그 전날까지 외운 부분들을 눈으로 빠르게 보며 고속으로 복습했다. 기억이 확실히 될 때까지 며칠에 걸쳐 누적 반복했다. 대신 눈에 확실히 익은 단어들은 건너뛰었기 때문에, 진도를 많이 나갔다고 해서 부담될 수준으로 학습량이 늘어나지는 않았다. 또한 어휘량이 쌓일수록 가속도도 붙었다.

그런 방식으로 간이 사전의 단어들 대부분을 단기에 암기 완료했다. 그 이후에는 가끔 가볍게 속독하며 감각만 유지했다. 학교 및 대입시험 대비용 단어 공부는 그 정도로 상당 부분 감당할 수 있었다. 나중에 중국어, 일어, 이탈리아어 등 다른 언어의 단어를 공부할 때도 단기 집중 암기 및 누적 고속 복습 방식은 그대로 적용했다. 언어가 달라도 효과는 유사했다.

원리의 이해(세부내역 ⇒ 2장 10단원 참조)

· **단어 책 한 권은 집중해서 1~2주 내에 끝내야 효율적이다.**
- 단기간에 반복 학습하면 힘들지 않게 기억을 빨리 강화할 수 있다.
- 3,000~5,000단어 이상도 1~2주 내에 외울 수 있다.

· **최초 암기 후 1~2일 내에는 1차 복습해야 한다.**
- 최초 암기 후 기억에 80~90% 남아 있을 때 1차 복습이 진행되어야 한다.
- 복습할 시간이 부족하면 대충이라도 훑어봐야 한다.
- 고속 암기 및 누적 복습에 익숙해지면 10분 만에도 몇백 단어를 복습할 수 있다.

영어 단어 암기의 천재가 되는 비법

어떻게 쓰지 않는데 영어 단어가 외워질까?

쓰지 않고 눈과 입으로만 단어를 암기하면서 나 스스로도 신기하다고 생각했던 현상이 있다. 철자가 정확히 외워질지, 나중에 제대로 적을 수 있을지에 대한 걱정이 사라진 것이다.

눈과 입으로만 외워도 단어만 보고 해석을 떠올리는 데 전혀 문제가 없었던 것이 한 가지 원인이었다. 고교 시절 영어시험에 영작문제가 한 개 정도였고 아주 기초적인 쉬운 단어들로만 출제되어서, 외우는 모든 단어들의 철자를 정확히 쓸 수 있을 수준까지 공부할 필요가 없었다.

그러나 다른 원인도 있었다. 손으로 써 본 적이 없는 단어들임에도 불구하고 철자가 전부 혹은 부분적으로 기억났다. 궁금해서 나중에 그이유를 직접 분석해 봤다. 그리고 아래와 같은 결론을 얻었다.

첫째, 발음 기호와 단어를 구성하는 알파벳들 상당수가 일대일 대응된다.

알파벳이 발음 기호와 동일한 모양인 경우를 말한다. 사전을 펼쳐서 단어들과 발음 기호들을 서로 비교해 보면 모음은 아니어도 자음은 거의 일치함을 알 수 있다.

따라서 발음 기호를 이미 공부한 사람이 단어를 외우면서 소리를 기억하면, 그 소리의 발음 기호와 일치하는 알파벳도 자동으로 암기되는 셈이다. 옆에 있는 사람에게 사전에 있는 아무 단어나 발음해 보라고 부탁한 후, 들리는 대로 연습장에 써 보자. 평균적인 중학생 이상의 영어 교육 수준이라면, 몰랐던 단어라고 해도 실제 철자와 비슷하게 쓸 수 있을 것이다.

한글은 글자를 구성하는 자음과 모음의 발음이 하나씩이다. 즉, 문자가 곧 발음 기호인 덕택에 자음(14개)과 모음(10개)을 배웠으면 소리만 듣고 거의 정확히 글자를 쓸 수 있다. 한 번도 써 보거나 본 적이 없는 낱말도 마찬가지다.

한글만큼은 아니지만 영어도 어느 정도 알파벳 문자와 발음 기호가 일대일로 대응된다. 모음 5개(a, e, i, o, u)의 발음은 다양해도 자음 21개 (b, c, d, f…x, y, z)의 소리는 거의 하나씩이다. 물론 모음 하나당 발음이 여러 가지고, 자음도 발음 기호와 알파벳 문자가 일치하지 않는 예외적인 것들이 있다. 그 때문에 한글과 달리 소리에만 근거해 철자를 정확히 암기하거나 회상해 내는 데 한계는 분명히 있지만, 쓰지 않고 눈과 입으로만 암기할 때 불편함을 느끼지 않을 정도로는 충분하다.

둘째, 눈으로 단어를 보는 것만으로도 철자가 외워진다.

영어 단어 암기의 천재가 되는 비법

영어 단어는 그 자체로 의미가 있는 그림과 다르지만 눈으로 반복해서 보면 모양이 어느 정도 기억된다. 해석 및 발음과도 동시에 연결해서 외우기 때문에 무의미한 기호를 보는 것과는 다르다. 특히 해석과 함께 암기하는 과정에서 단어가 의미 있는 대상으로 인식된다.

예를 들어, '릴리(백합꽃)'라는 단어를 소리만 들었다고 가정해 보자. 그러면 철자를 손으로 써 본 적이 한 번도 없다고 하더라도, 발음 기호와 알파벳을 배운 사람은 소리에 근거해 대충 쓸 수 있다. 아무 생각 없이 적으면 'lili'라고 쓸 것이다. 실제 정확한 철자는 'lily'다. 하지만 만약 눈으로도 철자를 보며 해석까지 연결해 외웠다면, 소리로만 기억했을 때의 불완전함이 일부분 보완되어 정확한 철자를 적을 가능성이 높아진다. 물론 외울 때의 집중상태나 단어 난이도에 따라 결과는 달라진다.

셋째, 테드식 단어 암기법의 효과 때문이다.

2장(01단원)에서 자세히 정리하겠지만, 손으로 쓰는 방식 위주로 단어를 암기하면 집중 유지가 힘들고 뇌 자극도 약하다. 반면 테드식 단어 암기법은 외우는 동안 집중력을 유지시켜 주고 뇌도 강하게 자극한다. 암기 상태는 집중력과 뇌 자극의 강도에 의해 결정된다.

테드식 단어 암기법은 고속 암기, 순환 반복 암기, 입 근육 사용, 간이 평가 등을 적용해 손으로 쓰지 않고도 기억이 잘되도록 이끈다. 뭔가 부족함을 느껴서 직접 손으로 써 보겠다면 눈과 입으로 1차 암기 후 보완하면 된다. 영어 단어만 보고 해석을 떠올릴 수준으로 암기가 된 상태에서의 철자 학습은 너무 쉽다. 반면 쓰는 방식 위주로 하면 단어 암기 자체가 힘들다.

넷째, 알파벳에 어느 정도 익숙하기 때문이다.

우리나라 현재 영어 교육 환경의 특성상, 중학교 1학년 과정을 마쳤으면 영어 단어를 잘 외우지는 못하더라도 보고 읽는 것은 일반적으로 가능하다. 발음의 정확성을 너무 의식하지 않으면 대충이라도 읽을 수 있다. 쉬운 단어들도 최소한 몇백 개는 이미 외운 상태이므로 읽는 요령도 나름대로 일정 수준 갖추게 된다. 발음 기호를 배웠으면 발음 기호만 보고도 처음 보는 단어들을 꽤 정확하게 읽을 수 있다.

만약 영어 단어 읽는 것이 너무 부담될 정도로 기초가 부족하다면, 고속 암기 연습 전에 보완을 해야 한다. 자신감 있게 읽을 수 없으면 단어를 외우기 힘들다. 틀린 발음으로라도 자신감 있게 읽으면 잘 외워진다. 단어를 보고 해석을 쉽게 떠올릴 수 있다.

내가 10개 외국어를 공부하면서 터득한 읽기 훈련 요령은 종이 사전이나 단어 책을 이용해 공부하는 방식이다. 단어들을 연습장에 가능한한 쓰지 않고, 해석도 보지 않고, 외우지도 않으면서 그냥 가볍게 많은 단어들을 읽어 보는 것이다. 1~2일 정도 하루 몇 시간 이상 집중 투자해야 한다. 조금씩 장기간에 걸쳐 진행하면 도리어 효과가 거의 없다. 단어와 마찬가지로 발음 규칙도 외우는 것이다. 따라서 단기간 반복 횟수가 많을수록 빨리 외워진다. 단순한 정보를 효과적으로 외우는 요

영어 단어 암기의 천재가 되는 비법

령은 비슷하다.

처음에는 발음 기호와 단어를 함께 보며 읽는다. 그러다가 읽는 것이 좀 편해지면 영어 단어만 보고 읽는다. 기초가 부족한 경우도 1~2일 정도만 열심히 하면, 철자와 발음 간의 일정한 규칙들이 자연스럽게 보이면서 읽는 부담이 현저히 줄어들 것이다. 그러면 고속 암기할 준비가 된 것이다. 철자와 발음의 관계에 대한 감각을 빨리 갖추기 위해서는 가능한 한 많은 단어들을 단기간에 몰아서 보는 것이 중요하다.

단어 읽는 것에 익숙해지는 단계는 외국어 공부의 가장 기초적인 과정이므로, 연습장에 일부 단어들을 가볍게 써 봐도 된다. 하지만 모든 단어들을 일일이 쓰지는 말아야 한다. 시간이 오래 걸려 많은 단어들을 단기에 볼 수 없게 되므로 역효과가 발생한다. 눈을 이용해 읽는 것 위주로 해야 효과적이다.

• 아주 기초적인 공부 단계면 고속 암기를 할 필요 없다

알파벳(문자)을 쓰고 읽는 법, 발음 기호 읽는 법, 필수 생활 용어 및 문장 구조 등을 한참 배우는 생 기초 단계에 있으면 단어를 빠르게 많이 암기할 필요 없다. 단어를 천천히 써 보면서 영어 감각을 기르는 공부 방식이 좋다고 생각한다. 중학교 1학년 초기까지가 그 단계에 해당될 것이다.

특히 초등학생까지는 한글 낱말을 한참 익힐 때이므로 고속 암기에 적합한 시기가 아니고 조건도 갖춰져 있지 않다. 일상생활, 학교 수업,

독서 등을 통해 모국어 어휘력을 쌓아야 하는 시기다. 해석의 의미도 이해 못 하는 상태에서 영어 단어를 외우는 것은 비상식적이다. 기본적인 모국어 학습이 먼저다.

영어 단어를 외울 때도 취학 전 아동이나 초등학교 저학년생이라면 철자와 발음 기호를 보지 않고, 소리, 그림, 동작 등을 이용해 단어를 외우는 방식의 학습이 좋다고 판단한다. 오감을 주로 이용해 배울 때이기 때문에 철자와 발음 기호를 보는 것 자체가 흥미를 감소시켜 학습을 방해할 수 있다.

중학생부터는 흥미롭지 않은 내용도 의지를 가지고 학습하는 자제력을 요구할 수 있고 그런 방식이 효율적일 수 있다. 하지만 초등학생 때까지는 단어와 발음 기호만 있는 딱딱한 자료를 이용한 학습이 영어에 대한 거부감을 일으키는 원인이 될 수 있다. 그 연령 때는 영어 실력이 탁월한 경우를 제외하고는 고속 암기를 시킬 단계가 아니다.

하지만 초등학생이라도 발음 기호를 읽을 수 있고 해석을 이해할 수 있는 단어들을 외운다면, 테드식 단어 암기법을 적용할 수 있다.

영어 단어 암기의 천재가 되는 비법

친구들을 놀라게 한 3분 20단어 암기 시범

 새 암기법을 며칠 연습하고 자신감이 붙은 후, 같은 반 친구 몇 명에게 고속 암기 시범을 보였다. 친구들에게 간이 사전을 아무 데나 펴라고 한 다음, 내가 3분 내에 양쪽 페이지의 단어들을 가능한 한 많이 외우고 평가하는 방식이었다. 3분이 되면 암기를 중지하고 해석들을 종이로 가렸다. 그리고 영어 단어만 보면서 해석을 내가 말하면 친구들이 검증했다. 내가 이미 본 페이지는 표시가 되어 있어서 피해 가며 했다.

 결과는 혼자 연습했을 때와 마찬가지였다. 3분 내에 간이 사전의 양쪽 페이지에 있는 새 단어들 20개 이상을 암기할 수 있었다. 여러 번의 테스트를 통해 반복 증명했다. 친구들이 무작위로 페이지를 골랐고, 본인들이 보기에도 모르는 단어들이 많았으므로 내 암기 성과를 인정했다.

 테스트 과정에서 내가 특히 흥미를 느꼈던 점이 있었다. 짧은 시간에 외울 단어가 많아 암기 속도가 빨라지면, 바로 옆에서 누가 보고 있어도 고도로 집중이 된다는 것이었다. 공부할 때 누가 근처에 있으면 집중이 깨지는 일반적인 상황과는 달랐다. 나중에 토익 강의를 할 때 수강생들을 대상으로 암기 훈련을 시킬 때도 동일한 사실을 확인했다. 내가 앞에서 보고 있어도 잘 외웠다. 사고를 빨리 하면 긴장하게 되고, 적절한 긴장이 암기할 정보에만 집중하게 유도했기 때문이었다.

친구들 앞에서의 검증 경험은 테드식 단어 암기법의 효과에 대한 나스스로의 자신감을 높여 주었다. 한 가지 아쉬웠던 점은 테스트 과정을 직접 보았던 친구들(3명 정도로 기억한다.)이 나를 따라 하지 않았다는 것이다. 탁월한 암기 성과가 발생하는 이유에 대해 내가 구체적으로 설명할 수 없었을 때다. 그래서 '눈과 입만 사용해 빠르게 반복 암기하라'고만 했었다. 그게 핵심이었지만 논리적 설득력은 없었다.

친구들은 나 개인이 특이한 암기 능력을 가지고 있는 것으로 추정했거나, 겉으로는 표현하지 않았지만 다른 의심을 했을 수도 있다. 하지만 지금 생각해 보면 나와 마찬가지로 '반복 쓰기'를 단어 암기의 유일한 방법으로 알고 있었기 때문에, 다른 방식을 받아들이기 힘들었을 것이다. 나도 직접 체험하지 않은 상태에서 누군가가 나처럼 했다면 쉽사리 믿지 못했을 것이다.

• 빨리 많이 암기한다고 빨리 망각되지는 않았다

직접 여러 차례 목격했으므로 친구들은 테스트 결과는 어쨌든 인정했다. 간이 사전에 실린 약 5,000개 정도의 단어를 내가 거의 다 외우고 있지 않다면, 여러 차례의 무작위 테스트로 그런 성과가 나올 수 없었기 때문이다(나중에 거의 다 외웠지만 테스트할 때는 새 암기법을 연습한 지 며칠 안 되었을 때였다). 하지만 암기가 오래 지속될지에 대해서는 의심했다.

"손으로 반복해 쓰는 방식을 사용하지 않았고 너무 짧은 시간에 많은 단어를 암기했기 때문에, 금방 잊어버리게 될 것 같다"는 투로 한 명은 말했다.

처음 암기법을 경험한 후 연습한 지 며칠 안 지났을 때였기 때문에 나 스스로도 오래 기억되는지 의심스러웠다. 그래서 검토해 보기로 했다. 실험은 아래와 같은 순서로 혼자 시도했고 친구들의 검증을 받은 기억은 나지 않는다. 한 친구에게 결과만 말해 줬다.

① 간이 사전에서 내가 모르는 단어들이 대부분인 페이지 두 쪽을 임의로 골랐다. 그리고 3분 동안 시간을 재며 새 단어 20~30개 정도를 외웠다.
→ 암기 직후 평가와 추가 1분 학습은 의도적으로 하지 않았다. 3분 암기만의 효과를 확인하기 위해서다. 암기 후에는 페이지를 확인할 수 있게 책 귀를 접어 표시해 두었다.

② 5일 경과 후에 한글 해석을 가리고 영어 단어만 보면서 해석을 떠올려 봤다. 그 전에 복습은 하지 않았다.

그런데 단 3분간 외운 것임에도 예상외로 상당히 많은 단어들이 생각났다. '많이 맞혔다'고 혼자 흥분했던 기억이 아직도 생생하기 때문에 50~70% 정도는 되었던 것 같다.

유사한 결과는 내가 토익 강의할 때 수강생들을 대상으로 한 반복 테스트에서도 확인할 수 있었다. 단 3~4분을 암기해도 효율적으로만 하면 기억이 오래 유지된다는 것을 직접 체험시키기 위해 진행했었다. 3장 02단원에서 구체적인 테스트 방식 및 결과에 대해 자세히 설명할 것이다.

영어 단어 암기의 천재가 되는 비법

04

단어가 영어 성적을 지배했다

암기법에 한참 재미가 붙어 간이 사전의 단어들을 거의 다 외운 후에는 《에센스 영한사전》도 어쩌다 한 번씩 외워 보았다. '간이 사전' 한 권을 열심히 암기하면서 갈수록 더 쉽게 빨리 외우는 능력이 생겼는데, 그 감각을 계속 유지하고 싶었다. 한편으로는 이런저런 단어를 많이 알아 두면 나쁠 것 없다고도 생각했다. 취미 생활처럼 심심할 때 3~4분씩 몇 차례 외웠으므로 부담도 없었다.

건강이 안 좋아 적정 공부 시간을 확보 못 할 때임에도 그런 생각을 한 이유는, 3분 20단어 암기를 게임처럼 즐겼기 때문이었다. 간혹 한 번씩 3분 집중 암기를 하면 머리가 시원해지는 느낌이 있었다.

에센스 사전을 가끔 외울 때는 고유명사와 합성어는 일단 제외했다. 해석 자체의 의미를 모르는 단어들도 건너뛰었다. 해석을 이해 못하면 암기가 안 되었기 때문이다. 그리고 속도 감각 유지를 위해 3분간 고속으로 외웠다. 고교 과정과 관련 없는 어려운 단어들이 많았음에도 불구하고 3분에 20개 이상은 거의 항상 외워졌다. 암기법이 효율적이면 단어 난이도에 큰 차이 없이 일정한 암기효과를 거둘 수 있다는 것을 확인할 수 있었다.

3분 20단어 암기에 익숙해진 후에는 단어 암기를 만화 보듯 가볍게 대하게 되었다. 또한 3분 20단어의 규칙을 지키지 않고도 단어를 가볍고 빠르게 암기할 수 있었다. 그러나 앞부분에서 이미 얘기했지만 단어 외우는 것이 지루하고 싫어질 때는 의도적으로 3분 20단어 기준으로 외웠다. 자동 긴장 상태를 만들어 잡념을 제거해 주고 힘들이지 않고도 순간 집중이 되도록 유도하기 때문이었다.

• 어휘력 증가로 영어 시험과 공부가 쉬워졌다

대입용 간이 사전에 정리된 단어들을 거의 다 외우고 나서 교과서를 보자 독해 속도가 빨라졌다. 어쩌다 모르는 단어가 나와도 그 숫자가 적었기 때문에 사전을 찾는 부담도 없었다.

높아진 어휘력은 특히 중간, 기말, 모의고사 때 효력을 발휘했다. 단어에서 막히지 않고 시험 범위 내의 교과서 문장들을 빠르게 반복해 읽다 보니, 지문들을 거의 통째로 외운 상태에서 시험을 볼 수 있게 된 것이다. 독해 도중 모르는 단어가 나오면 사전에서 해석을 찾은 후, 연습장에 써 가며 천천히 공부했을 때와는 차이가 있었다. 학교 시험이 교과서 지문 위주로 나왔고 빈칸 채워 넣기도 많을 때여서 시험이 쉬워지고 성적도 올랐다. 어휘력이 영향을 주는 문제도 쉽게 맞히게 되었다.

교과서 독해 지문을 보다가 모르는 단어가 나오면 사전을 찾고, 발음과 해석을 옮겨 적고, 단어와 해석을 반복해 쓰면서 암기하던 방식 위

영어 단어 암기의 천재가 되는 비법

주의 공부가 너무 비효율적임을 확실히 깨달았다. 단어와 문법 공부가 섞여 집중이 분산되고 진도도 늦어져 단어, 독해, 문법 공부 모두에 악영향을 준다.

어휘력이 증가하자 문법 실력도 향상되었다. 문법 설명용 예문에 있는 모르는 단어들 때문에 진도가 늦어졌던 문제점이 개선되었기 때문이다. 문법도 복습을 통해 실력이 향상된다. 그런데 학습 속도가 느리면 충분한 복습으로 공부한 내용들을 장기 기억시키기 전에 망각되는 내용들이 많아진다. 공부하는 순간에는 문법 내용을 이해했다고 해도 기억을 확실하게 만든 상태가 아니면 소용없다. 처음부터 다시 공부해야 한다.

단 한 줄짜리 영어 문장에도 몇 개의 문법사항들이 결합되어 있다. 따라서 전체적인 내용을 기억하지 못하면 분석에 어려움을 겪게 된다. 예를 들면 아래와 같이 한 문장에 서로 다른 문법 요소가 결합되는 것이 일반적이다.

> The seat has been booked(그 자리는 예약이 되어 있다).
> → 수의 일치(has): 3인칭 단수
> → 시제(has been): 현재완료
> → 태(been booked): 수동태

따라서 이해도 필요하지만 전체적인 문법 내용을 빨리 반복 학습한 후에, 머릿속에 기억된 내용들을 연결해야 문법의 숲이 보인다. 그러므로 적정 수준의 어휘력을 미리 갖추거나, 쉬운 단어들로 예문이 작성된 문법책을 봐야 단기간 자주 복습을 할 수 있다. 문법 분석과 이해에 들어가는 기본 시간은 어쩔 수 없더라도, 모르는 단어들 때문에 학습 진도가 느려지지 않도록 해야 한다. 가능한 한 쉬운 단어와 해설로 된 문법책을 보는 것이 좋은 이유다.

영어 단어 암기의 천재가 되는 비법

어휘력이 인생의 방향을 바꿨다

어휘력이 늘자 영어가 힘들게 공부해야 하는 과목에서 다소 편한 대상으로 다가왔다. 어휘가 학교 영어 시험에 미치는 영향이 크다 보니, 다른 과목 대비 적은 시간 공부하고도 성적이 유지되었다. 그러한 변화는 뜻하지 않게 담임선생님의 권유와 연결되어 대학 전공 선택에 영향을 미쳤다.

3학년 초기 정도부터는 평상시에도 한두 시간 집중 공부가 힘들 정도로 건강이 악화되었다. 종일 머리가 멍하고 졸리기만 해서 책상에 누워 잠도 많이 자게 되고 성격도 민감해졌다. 교실에서 누가 지나가며 우연히 어깨를 스쳤을 뿐인데 이유 없이 화를 내는 경우도 있었다.

무슨 병이라도 생긴 줄 알고 진료도 받아 보았는데 진단되는 병은 없었다. 공부 때문에 신경을 과다하게 쓰고 체력이 많이 저하되어 나타나는 증상이라고 했다.

대학 진학 후에도 장시간 집중 공부할 때면 비슷한 증상이 생겨서 건강 관련 서적들을 보다가 깨달은 것이지만, 특이 체질인 것 같다. 머리 에너지가 일반 사람들보다 빨리 소진되는 반면 회복은 아주 느리다.

그래서 몇 시간씩 강한 집중을 유지하며 공부하려면 보약을 먹거나, 일정 시간 쉬거나, 정기적 운동으로 관리를 해 줘야 하는데 고교 시절은 사정상 그렇게 못했다. 친구들과 농구는 가끔 했었는데 별 효과가 없었다.

더구나 당시는 '사당오락(네 시간 자면 대학 붙고 다섯 시간 자면 떨어진다.)'이라는 말이 유행할 때다. 건강이 나쁜 상태였지만 학년이 올라갈수록 남들만큼의 시간은 투자해서 공부하려고 나름대로 노력했었다. 그것이 누적되어 오히려 심각한 건강 악화를 초래했던 것 같다. 설명하기 힘들지만 의도적으로 정신을 바짝 차리려 해도 마치 꿈속에 있는 듯 사물에 대한 지각이 무뎌진 상태와 우울증세가 몇 개월간 지속되었다.

운동 능력도 정상이고 질병이 없는데도 불구하고, 남들과 비슷한 시간 동안 공부를 하면 체력이 급격히 저하되고, 회복도 늦고, 머리가 깨질 듯이 아프면서 사고 능력이 마비되고, 몸살과 우울증이 생기는 사람들이 있을 수 있다. 만약 그렇다면 뇌의 에너지 공급, 소진, 회복 능력이 일반 사람들과 다를 가능성이 높다. 자신에 맞는 관리법을 찾아야 한다. 병원이나 한의원을 가도 '쉬고 운동하라'는 진단 정도만 받을 수 있을 것이다. 질병이 아니기 때문이다. 내가 그런 경험을 몇 차례 했었다.

고3 때 담임선생님이 영어 담당이셨다. 내가 뭔가 이상한 상태라는 것을 계속 관찰하고 계셨었는지 모르겠지만, 하루는 내게 다가와서 조언을 하셨다. 공부를 잠시 쉬고 태권도 도장 같은 곳을 다니며 규칙적

영어 단어 암기의 천재가 되는 비법

운동으로 건강을 먼저 회복하라고 말씀하셨다. 공부를 남들처럼 할 상태가 아니라고 판단하신 것 같다.

가볍게 말씀하신 것일 수도 있지만, 누군가 신경을 써 주는 것이 속으로 너무 고마웠다. 드러나는 병이 있는 것은 아니어서 가족들도 내 상태에 대해 이해하지 못했었고, 나 스스로도 지쳐서 공부를 포기하기 직전이었기 때문에 더욱 그러했다. 실제로 조언을 받아들여 방과 후 집 근교 도장에서 몇 개월간 거의 매일 운동을 하며 건강을 어느 정도 회복할 수 있었다.

그리고 내 영어 성적이 다른 과목 대비 그나마 좋아서 적성에 맞을 거라고 생각하셨는지, 본인과 같은 영어 교육 전공으로 대학 지원하는 것을 언급하셨다. 본인이 가지고 있던 문법 참고서도 한 권 주셨다.

그때까지 영어 관련 학과 지원을 생각해 본 적이 선혀 없었다. 특별한 동기가 있지는 않았지만 사학과, 철학과, 정외과 중 하나를 막연히 생각하고 있었다. 그런데 고마움을 깊게 느끼고 있었기 때문에 긍정적으로 생각을 했다. 결국 나중에 영어교육과는 아니지만 같은 계통인 영어영문과를 지원하게 되었다.

담임선생님의 언급이 계기가 되었지만, 사실 전공 선택에 중요한 영향을 준 것은 '영어는 쉽기 때문에 대학가서 편하게 공부할 수 있을 것'이라는 아주 단순한 생각이었다. 육체적, 정신적으로 지쳐 있어서 대학생활은 여유 있게 하고 싶었다. 사회 진출 시 전망 있는 과라고 얘기되던 때이기도 했지만 그것이 결정적 요소는 아니었다.

긴 시간 힘들게 공부해서 영어 성적을 유지했다면 그런 결정을 못했을 것이다. 테드식 암기법 덕택에 어휘력이 늘어서, 2학년 정도부터는 적은 공부시간으로도 썩 괜찮은 영어 점수가 나왔었다. 물론 대학 입학 후 접한 전공 과목들은 단어만 외워서 공부할 수 있는 대상은 아니었다. 입학 전에는 회화 위주로 공부하는 줄로만 알았었다. 멋모르고 지원한 것이었다. 하지만 그 선택이 지금은 나에게 긍정적 영향을 주고 있다.

06

뇌 자극이 강해야 암기가 잘된다

누군가가 나에게 단어 암기 요령에 대해 물어 올 때면 '눈과 입만 사용해 빨리 반복해 보면 잘 외워진다!'는 식으로 단순하게 말했었다. 속으로는 '몇 번만 시도해 보면 되는데 어차피 안 할 것이다'라고 생각하며 넘어갔다.

내가 직접 체험을 시킬 때를 제외하고는 내 말만 듣고 실제 따라 하는 사람들은 거의 없었다. 잘 외워지는 이유를 객관성과 논리성에 근거해 설명해 주지 못했던 탓이다. 나 스스로도 '눈과 입만 사용해 고속으로 암기하면 집중이 잘되고, 단기간 여러 번 복습할 수 있으며, 손으로 안 써도 외워진다'는 정도만 정리되어 있었다.

그러다 회사를 그만두고 토익 강의를 하면서 체계적인 설명의 필요성이 생겼다. 개강 후 보통 두 달간 20회 수업이 진행되는데, 일정상 한두 번 정도만 잠깐씩 암기법을 체험시켰다. 그러면 대부분의 수강생들은 내 방식을 수용했지만, 어휘력이 부족함에도 받아들이지 않는 사람들도 일부 있었다. 며칠 정도 꾸준히 연습하면 자연스럽게 익숙해진다. 그러나 자주 훈련시킬 수 없는 데다가 체계적 설명마저 부족하다 보니 일부 인원들을 기존의 비효율적 쓰기 위주 방식에서 벗어나게 할 수 없었다.

하지만 토익 실력 단기 향상에 단어의 영향이 절대적이므로 해결책이 필요했다. 경험을 통해 내 암기법의 효과에 대해 100% 확신이 있었기 때문에, 어휘력이 부족한 수강생들이 꼭 적용하게 하고 싶었다. 그래서 테드식 암기법이 효과적인 이유의 분석 및 이론 정립을 위해 기억관련 학문인 뇌 과학을 공부하게 되었다.

처음에는 큰 기대를 갖지 않았다. 하지만 내가 가진 의문점을 푸는 방향으로 관련 책이나 논문 등을 읽다 보니 내가 경험한 암기법의 주요 특징들이 원하는 수준으로 설명되었다. 나에게는 비밀의 문을 여는 느낌이었다. 확실히 알게 된 사실은 **테드식 단어 암기법이 전혀 특이하지 않다는 것이었다. 나도 모르게 뇌의 기억 형성 및 강화 기능을 효율적, 적극적으로 이용했을 뿐이었다. 그래서 효과가 있었다.**

뇌의 기억기능 관련 내용은 '4장'에 자세히 설명되어 있다. 여기서는 테드식 단어 암기법과 관련된 부분들을 간략하게 미리 정리한다.

- **테드식 단어 암기법의 효과에 대한 뇌 과학적 설명**
  ① 눈과 입만 사용해 암기한다.
  ⇒ 기계적 반복 쓰기에 비해 단어 자체에 대한 집중력이 높아진다. 집중을 해야 뇌가 자극받아 강한 기억을 형성한다.

영어 단어 암기의 천재가 되는 비법

⇒ 한 단어를 한 번 쓸 때 대비 5회 이상 반복해 볼 수 있으므로 뇌 자극 횟수가 증가한다. 집중 상태에서의 뇌 자극 증가는 기억 저장용 뇌 신경망 형성(장기 기억화)을 촉진한다.

② 3분 20단어 기준으로 암기한다.

⇒ 3분간 외울 단어 수가 많아 사고 속도가 빨라진다. 그 결과로 긴장이 조성되고 자동 집중이 유도된다. 뇌의 정보 처리 속도가 적정 수준까지 빨라지면 다른 생각(단어 외의 정보를 말한다.)이 들어올 틈이 없어지면서 집중이 된다.

⇒ 적절한 긴장은 집중과 각성을 유도하는 신경 전달 물질인 '노르에피네프린 호르몬'을 뇌에 분비시킨다. 또한 '에피네프린'도 분비해 뇌의 에너지원인 포도당을 추가 생성하도록 하며, 심장박동도 증가시켜 뇌에 더 많은 혈액을 공급한다. 혈액은 포도당과 산소를 포함하고 있으므로 뇌 활동이 원활해진다.

③ 암기 도중 발음과 철자의 정확성에 신경 쓰지 않고, 해석은 한 개만 먼저 외운다.

⇒ 빠른 암기 속도와 집중을 유지할 수 있어 기억이 강화된다.

④ 발음은 정확하지 않더라도 소리 내 읽으면서 외우고, 주변 환경 때문에 소리를 못 내더라도 입은 움직인다.

⇒ 뇌가 단어를 인식 후 입을 움직일 때까지 과정은 뇌의 감각 영역과 운동 영역을 동시에 사용하는 것이므로, 뇌가 골고루 자극받는다.

⇒ 속으로만 읽을 때에 비해 소리 기억이 강화된다. 한 단어에 대한

기억은 뇌에서 시각, 소리, 해석, 동작 등의 결합으로 이루어진다. 그중 하나만 반복 자극해도 단어에 대한 기억이 강해진다.

⑤ **20단어를 약 10단어씩 분리해서 순환 반복 암기한다.**
⇒ 학습 관련 전문가들이 강조하는 '간격 효과(spacing effect)'가 발행한다. 동일한 내용을 약간의 간격을 두고 암기하면 연속으로 볼 때에 비해 뇌 자극이 강해져 기억이 더 잘된다.

⑥ **해석을 종이로 가리고 영어 철자만 보면서 떠올리는 평가를 암기 도중 및 직후 실행한다.**
⇒ 외우는 것(입력)보다 뇌 자극이 강한 출력(기억한 것을 끄집어내는 것.) 횟수가 많아져 강한 기억 형성이 촉진된다.
⇒ 암기 후 즉시 평가라는 단기 목표는 동기를 부여한다. 동기가 부여되면 집중력이 높아진다.

⑦ **암기가 어려운 단어들은 필기구로 별도 표시한다.**
⇒ 표시 행위 자체가 뇌에 강한 신호를 줘서 뇌세포를 자극한다.

⑧ **다른 공부는 가능한 한 배제하고 1~2주 정도 단어에만 집중하며 고속 누적 복습한다.**
⇒ 최초 암기한 단어들의 기억이 뇌에 80~90% 남아 있는 상태에서 복습하면, 적은 에너지로 몇 배 빠르게 학습할 수 있다. 동일 단어를 단기간에 자주 반복 암기할수록 투입 시간과 사용 에너지는 급격히 감소되는 반면 기억은 빨리 강화된다. 즉, 누적 학습 효과가 높아진다.

07

빠른 암기 속도가 기적을 만든다

테드식 단어 암기법의 특징을 설명하는 핵심어는 '고속 암기'다. 속도는 3분 20단어 암기 기준으로 통제된다. 편의상 시간을 제한하지 않더라도 3분 20단어 암기 시의 속도감을 유지하며 외운다. 암기 속도가 너무 빠르면 오히려 문제가 되지만, 적절히 빠른 속도는 뇌의 집중 및 기억 기능을 활성화하는 효과가 있다.

단어 암기의 첫 출발은 의식적으로 주의를 기울여 단어를 인식하는 것이다. 멍하니 보면 뇌에 새겨지지 않는다. 매일 지나는 길옆 가게의 이름이나 특정 건물을 몇 개월간 보고도 전혀 기억하지 못하다가 어느 순간 인식했던 경험이 있을 것이다. 관심을 기울인 정보 위주로 뇌가 기억하기 때문이다.

뇌 과학 연구에 따르면 무의식 속에서 보거나 들은 정보들 일부도 장기 기억될 수 있는 것으로 밝혀져 있다. 범죄 수사에 최면을 이용하는 것도 그와 관련이 있다. 그러나 영어 단어처럼 의식적 주의 집중과 반복 학습이 필수적인 지식적 정보의 기억과는 큰 상관이 없는 것 같다.

주의를 기울여 인식한 다음에는 집중을 유지해야 한다. 단어를 계속 보고 있어도 집중하지 않으면 몇 초에서 몇십 초 정도의 단기 기억(뇌 신경망은 형성되지 않고 전기 및 화학 신호만 뇌에 발생한 상태.)으로 뇌에 머물다가 사라진다. 하지만 의지를 가지고 노력해도 집중 유지가 쉽지 않다. 잡념이 자꾸 끼어들게 된다. 잡념을 뇌 과학적으로 설명하면 암기하고 있는 단어가 아닌 다른 정보들을 뇌가 처리하는 것이다. 그렇게 되면 실제 외우려는 단어에 대한 신호가 약해지거나 사라져서 암기가 어려워진다. **그런데 강한 의지 없이 단순히 단어 외우는 속도만 높여도 집중을 유지할 수 있다.**

빠르게 단어들을 외우면 자기도 모르게 긴장이 된다. 그리고 뇌의 모든 기능과 에너지가 외우는 단어에만 집중되면서 다른 정보들이 끼어들 틈이 차단된다. 딴 생각을 할 수 없게 되는 것이다. 시간이 빡빡하게 주어지는 시험을 보고 있을 때 시간의 흐름을 잊고 집중하게 되는 것과 유사하다.

'벼락치기'식 공부가 효과 있는 이유도, 빠른 속도의 사고가 뇌를 공부 내용에 집중시키고 기억도 강화하기 때문이다. 현명한 사람들은 단순 암기 과목을 공부할 때 시험 직전 10분을 잘 이용한다. 반복 경험을 통해 효과를 알고 있어서다. 급하게 몇 분을 공부해도 뇌 자극만 강하면 몇 시간 정도는 기억이 생생히 유지된다. 며칠까지도 지속될 수 있다. 테드식 단어 암기법의 3분 20단어 고속암기가 효과가 있는 것도 동일한 이유에서다.

벼락치기 방식의 공부를 비판하는 목소리들도 있다. 하지만 분석이

영어 단어 암기의 천재가 되는 비법

나 이해가 필요한 내용을 대충 암기했을 때만 문제가 된다. 영어 철자와 해석을 외우는 것처럼 단순 암기 성격의 공부는, 빠르게 사고하고 집중하는 벼락치기 방식이 효율적이다. 10분 정도의 짧은 시간에 많은 내용을 빨리 암기했다고 바로 망각되지는 않는다. 천천히 학습할 때보다 오히려 기억이 강화된다.

• 속도가 기억에 미치는 놀라운 효과

빠른 암기가 자동으로 형성하는 긴장이 집중과 기억 강화에 미치는 영향에 대해 뇌 과학을 이용해 설명해 보겠다.

긴장하면 뇌의 '시상 하부'란 부분이 먼저 자극을 받는다. 자극받은 시상 하부는 '신장'에 위치한 '부신'이라는 곳에서 '노르에피네프린' 등의 뇌신경 전달 물질들을 생성해 분비시키도록 신호를 준다. 노르에피네프린(norepinephrine)은 뇌의 각성(arousal), 주의(alertness), 집중(attention)을 담당하는 부분으로 흘러 들어간다.

그 결과 정신이 맑아지면서 암기할 단어에 대한 집중이 강화된다. 즉 우리가 집중이 잘된다고 느낄 때의 상태는 뇌에서 발생되는 생화학적 현상과 관련이 있다. 노르에피네프린의 집중과 기억 형성에 미치는 영향은 연구 결과로 명확히 밝혀져 있다.

또한 에피네프린(epinephrine)이란 호르몬도 분비되어 혈액 속에 포도당이라는 뇌의 에너지원을 증가시키는 기능을 한다. 에피네프린과

노르에피네프린은 심장 박동 수를 늘리는 역할도 해서 심장에서 뇌에 더 많은 혈액이 공급되게 한다. 그에 따라 혈액이 나르는 산소, 포도당 등 뇌 기능 활성화에 필요한 요소들이 뇌에 추가로 투입된다.

그리고 통증이나 염증 완화 작용의 스트레스 호르몬인 코르티솔 (cortisol)도 분비된다. 코르티솔은 인체 내에 있는 단백질을 에너지원인 포도당으로 전환시킨 후, 혈액을 통해 평소보다 더 많은 영양분이 뇌에 공급되게 한다. 그로 인해 신체적으로 피곤을 덜 느끼며 암기할 수 있게 된다. 긴장이 유발하는 스트레스가 암기 과정에서 긍정적인 역할을 하는 것이다. 과다한 스트레스는 건강을 해치지만 적정한 스트레스는 잘 이용만 하면 단어 암기에 도움이 된다는 것을 알 수 있다.

"스트레스가 부득이하게 주어지는 상황이라고 하더라도 목표 의식을 가지고 긍정적으로 스트레스를 받아들이면 좋다고 한다. 두뇌 발달을 돕는 DHEA(Dehydroepiandrosterone) 호르몬의 수치가 올라가 코르티솔과의 균형을 유지함으로써, 스트레스의 긍정적 효과를 가져온다고도 한다."[1]

집중의 단계를 넘어 몰입이 되면 의욕과 흥미를 높여 주고 기억 강화의 작용도 하는 신경전달물질인 도파민(dopamine)도 뇌에서 분비된다고 한다.

'긴장 → 집중 → 몰입'은 뇌 속에서 실제 벌어지는 활동과 관련이 있

영어 단어 암기의 천재가 되는 비법

고, 암기 방식을 잘 설계하면 역으로 그런 현상을 발생시켜 암기 성과를 높일 수도 있다는 것을 알 수 있다.

관건은 적절한 '긴장 상태'를 만드는 것인데, 테드식 단어 암기법은 3분 20단어라는 기준을 이용한다. 그 틀에 맞춰 외우면 사고 속도가 빠를 수밖에 없어서 자동 긴장이 된다.

영어 단어의 특성도 고속 암기를 가능하게 한다. 영어 단어는 수학 공식이나 영어 문법처럼 분석과 이해를 요하거나 느린 고민이 필요한 대상이 아니다. 한글 해석의 의미를 알면 영어 단어가 어떤 상황에 사용되는지도 바로 이해되기 때문에 서로 연결해서 외우면 그만이다. 게다가 이미 설명한 바와 같이 알파벳이 발음 기호와 상당히 많이 대응되기 때문에, 쓰지 않고도 철자에 대한 시각 기억 및 소리에 대한 청각 기억에 의존해 암기가 가능하다.

하루 만에
1,000단어 외우는 비법

3분간 약 20단어 외울 수 있으면 하루 1,000단어 암기가 가능하다, 하루 1,000단어 외울 수 있으면 일주일에 3,000~5,000단어 암기가 가능하다.

무의미한 기계적 반복 쓰기를 버려라

3,000~5,000단어 정도는 1~2주 내에 집중 암기하는 것이 장기 기억을 만드는 데 있어 효율적이다. 늦더라도 한 달 내에는 완료하도록 노력해야 한다. 더 오랜 기간에 걸쳐 천천히 암기하면 복습 기간 사이가 길어져 장기 기억화가 되지 않은 단어들을 자꾸 잊어버리게 된다.

하지만 열심히 해도 반복 쓰기 방식으로 하면 단어 책 한 권을 잡고 몇 개월 동안 씨름해도 원하는 만큼 외우기 어렵다. 반복 쓰기 위주로 단어 공부하는 사람들 대부분이 겪는 일이다. 쓰기 방식('깜지법'이라고도 한다.)이 너무나 비효율적이기 때문이다. 기억도 잘 안되고 복습 관리도 힘들다. 그 이유를 분석해 보겠다.

• 기계적 반복 쓰기는 암기 효과가 너무 약하다

동일한 단어와 해석을 연속으로 여러 차례 연습장에 쓰면서 외우다 보면(보통 5회를 기본으로 한다), 이미 적어 놓은 옆의 단어를 무의식적으로 보면서 쓰게 된다. 즉, 뇌 자극이 아주 약한 단순 입력이 반복된다. 평소 습관대로 써 보면서 확인해 보길 바란다.

쓸 때마다 의지를 가지고 강하게 단어를 인식하면 어느 정도 암기에 영향을 준다. 그러나 일반적으로 3회 정도부터는 거의 무의식적으로 손만 움직일 것이다. 책을 눈앞에 펴놓고 머릿속에 다른 생각을 하고 있는 멍한 상태와 비슷해진다. 기억을 강화하지 못한다.

오감으로 받아들인 정보는 전기 및 화학 신호로 적어도 몇 초에서 몇 십 초는 뇌에 머문다('단기 기억' 상태라고 한다). 그 때문에 실제 기억되지 않은 상태에서도 힘들이지 않고 거의 반사적으로 쓸 수 있다. 철자가 너무 어렵지 않다면 새 단어를 한 번 보자마자 종이로 바로 가려도 옆에 쉽게 쓸 수 있다. 밝은 빛을 본 후에 시선을 다른 곳에 돌려도 눈에 남는 잔상처럼, 뇌에 신호 형태로 단어에 대한 기억이 잠시 머물기 때문에 가능하다. 문제는 뇌 자극이 약해서 기억 강화에 영향이 적다는 점이다.

• 반복 쓰기로는 복습관리가 어렵다

단어 암기의 특성상 어떤 암기법을 사용하든지 반복 학습을 해야 한다. 어쩌다 한 번에 외워지는 단어들은 우연일 뿐이다. 처음 외울 때 완벽하게 기억된 단어들도 복습 없이 일주일 정도 지나면 기억 강도가 급속히 약해진다. 첫 암기를 할 때 뇌 자극이 약한 경우는 몇 시간 만에도 기억에서 사라진다. 뇌 속 어디엔가 남아 있을지도 모르지만 떠오르지 않으면 소용없다. 그래서 **장기 기억 형성 전까지는 망각 전 반복 학습 관리가 매우 중요하다.**

그런데 반복해서 쓰는 것은 뇌 자극도 약하지만 그 행위 자체로 시간이 많이 걸린다. 수십 단어나 몇백 단어 정도 외운다면 기간이 큰 문제되지 않을 것이다. 하지만 시간에 쫓기면서 단기간 수천 단어를 외워야 하는 경우에는 다르다.

한 페이지에 5~10개 정도의 단어가 실려 있는 300~500페이지 분량의 단어 책 한 권을 쓰는 방식으로 암기한다고 가정해 보자. 단어와 해석을 손으로 5회 정도 일일이 쓰면서 책 끝까지 가야 한다. 일반적으로는 앞에서 암기한 단어들이 망각되는 것이 불안해서, 책의 30%쯤 진도를 나가다가 첫 페이지로 다시 돌아온다.

어쨌든 한 단어와 해석을 5회씩만 쓰면서 암기한다고 해도, 예문을 제외한 전체 책 내용을 5회나 베껴 쓴 셈이 된다. 에너지도 많이 소모되지만 시간이 너무 오래 걸린다. 그 때문에 앞부분에서 1차 암기했던 단어들의 복습을 위해 돌아올 때쯤이면, 많은 단어들이 이미 망각되어 있을 것이다.

쓰는 방식으로 외우면서 그런 문제를 극복하려면 공부 시간을 늘리는 수밖에 없다. 잊어버리고 다시 외우기를 반복하면서 장기간에 걸쳐 천천히 어휘력을 쌓아 가면 된다. 대부분 사람들이 그렇게 한다. 하지만 소중한 시간들이 너무 많이 낭비된다.

최초 암기한 단어들이 80~90% 기억에 남아 있을 때 복습한다고 생각해 보라! 당연히 힘도 덜 들고 쉽게 기억을 강화할 수 있다. 다만 쓰면서 암기하면 그렇게 하기 너무 어렵다. 테드식 암기법처럼 눈과 입을 사용해서 빠르게 외워야 가능하다. 진도가 빨라지면 당연히 복습 시간 간격도 짧아진다.

• 반복 쓰기로는 출력의 기억 강화 효과 활용이 힘들다

출력(= 인출)은 단어와 해석을 뇌에 입력시킨 후에 보지 않고 머릿속에서 끄집어내는 모든 행위를 말한다. 기억해 내는 것, 시험을 보는 것, 말해 보는 것 등이 해당된다. **우리가 학습 성과 평가를 위해 보는 시험이, 기억 강화에 영향이 크다는 것은 여러 연구들에 의해 이미 밝혀져 있다.**

입력을 여러 번 하는 것보다 출력 한 번이 기억강화에 더 효과적이라고 한다. 나는 직접 경험과 토익 수강생들 대상 테스트를 통해 잘 알고 있다. **눈으로 자료를 보면서 외우는 입력과 달리 출력은 뇌에 저장되어 있는 정보들만 이용하므로 뇌를 더 적극적으로 사용할 수밖에 없다. 힘은 들지만 뇌 속에서 뇌세포 간 신호를 주고받는 활동이 증가하게 되고 그 과정에서 뇌가 자극을 받아 기억이 강화된다.**

테드식 암기법은 3분 20단어 암기 직후에 평가(출력)를 한다. 해석을 가리고 영어 철자만 보고 기억해 내는 간편 방식이다. 암기 직후는 외운 단어들의 기억이 확실할 때이므로 힘은 적게 들면서도 기억은 강화하는 효과가 있다. 또한 암기 도중에도 수시로 해석을 가리고 떠올려 본다. 출력 효과를 의도적으로 암기 과정에 이용하는 것이다.

하지만 반복 쓰기 암기는 입력(주입)식으로만 진행하는 것이 일반적이다. 다른 사람들과 스터디를 하며 단어 시험을 정기적으로 보기도 하지만 예외적인 경우다. 진도 나가느라 바빠서 문제를 풀 겨를이 없다. 어쩌다 문제 풀이를 해도 이미 망각된 단어들이 많을 때 진행하게 되어 출력의 기억 강화 효과를 적절히 이용하지 못한다. 기억이 남아 있어야 출력을 할 수 있다.

• 눈과 입만 사용하는 테드식 암기법이 해결책이다

쓰지 않고 눈과 입만 사용하면 암기 속도가 빨라지고 복습도 단기간 자주 할 수 있다. 그 결과로 장기 기억이 빨리 형성된다. 물론 **단순히 눈과 입만 사용한다고 반복 쓰기와 비교해 엄청 잘 외워지는 것은 아니다. 시간제한, 순환 암기, 즉시 평가 등 테드식 암기법의 다른 장치들도 필요하다.**

눈과 입을 사용한 암기는 버스, 지하철, 도서관 등 어디서든 단어 자료만 있으면 손쉽게 실행할 수 있다. 단어장을 들고 다니면서 식사할 때나 버스 안에서 쓰지 않고 외워도, 암기가 되는 것을 경험한 사람들이 있을 것이다. 다만 책상 앞에 앉자마자 습관대로 다시 필기구를 들고 반복 쓰기를 할 것이다. '쓰지 않는데도 외워지는 이유가 뭘까?'라고 의문을 제기하고 발전적으로 고민하면 좋은데, 어떤 계기로 깨달음을 얻지 못하면 기존 습관에서 벗어나지 못한다. 나도 그랬다.

집중 암기 도중에는 쓰지 말아야 한다. 처음에는 손이 근질근질하더

라도 무시해야 한다. 의식적으로 1~2일만 열심히 연습해도 써야 한다
는 강박관념이 눈 녹듯 사라진다.

쓰고 싶으면 암기 후에 해야 한다. 일단 외운 후 철자의 정확성 확보
를 위해 가볍게 써 보는 것은 개인 자유다. 이미 대략적인 철자와 해석
이 암기되어 있어서 편하게 할 수 있고 시간도 별로 걸리지 않는다. 집
중 암기 과정에서만 조심하면 된다.

암기 완료 후 일부 단어를 써 볼 때도 글씨를 예쁘게 또박또박 쓰는
것보다는, 시간 절약을 위해 '빠르게 휘갈겨 쓰기'를 한다. 그렇게 했다
고 본인의 글씨체가 갑자기 나쁘게 변하지 않는다. 어차피 테드식 단
어 암기법에 익숙해지면 글씨를 쓰는 시간이 너무 아까워져서 낙서하
듯 쓰게 된다. 나중에는 연습장을 아예 보지 않고 단어에만 시선을 유
지하면서 쓰게 될 것이다.

소리 없이 입만 움직여도 잘 외워진다

입으로 소리 내어 단어를 외우면 기억이 더 잘된다는 사실은 대다수의 사람들이 경험으로 알고 있다. 다만 왜 그런지 또한 효과는 얼마나 있는지에 대한 구체적인 이유는 잘 모른다. 소리 내어 암기할 수 없는 공부 환경이 일반적이긴 하지만, 뇌의 특성상 소리 내지 않고 입만 움직여도 기억은 강화된다. 도서관에 있어도 입을 움직이며 외우면 속으로만 읽는 것보다 강한 기억이 만들어진다.

우리가 느낄 수는 없지만, 눈으로 본 단어를 뇌가 인식해 동작 명령을 입 근육에 내리기까지의 과정은 복잡하다. 그 과정에서 뇌가 골고루 자극받아 기억이 강화된다. 그래서 테드식 단어 암기법은 소리를 내든 못 내든 간에 입 근육 사용을 원칙으로 한다. 어디서든 손쉽게 할 수 있으면서 효과는 확실하기 때문이다. 한 번은 소리를 내지 않되 입을 움직이고, 다른 한 번은 속으로만 읽으면서 10단어씩 비교 암기해 보자. 효과의 차이가 명확히 파악될 것이다.

입을 움직였을 때 기억 강화에 미치는 주요 영향들을 뇌 과학에 근거해 좀 더 자세히 알아보겠다.

· 입을 움직이면 뇌가 골고루 자극받는다

입 근육은 순식간에 움직이지만 뇌에서 벌어지는 실제 과정은 복잡하다.

> ① 눈으로 본 내용(시각 정보) 및 귀로 들은 소리(청각 정보)가 도달되어 처리되는 뇌의 영역에서, 일차적으로 단어를 정확히 인식해야 한다.
> → 주의 집중이 잘되어야 정확한 인식이 가능하다. 집중하면 당연히 뇌 자극이 강해지게 되고 뇌 자극과 기억 강도는 비례한다.
> → 입을 다물고 속으로 읽어도 뇌가 인식은 한다. 하지만 입 근육 동작 명령을 내릴 필요가 없으므로 주의 집중 정도가 상대적으로 약할 것이다. `
>
> ② 단어 모양 및 소리를 인지한 뇌의 감각 영역은 운동 영역으로 신호를 전달한다.
>
> ③ 뇌의 운동 영역에서는 뇌에서 입까지 연결된 신경세포를 통해 입 근육이 움직이도록 명령 신호를 준다.
>
> ④ 뇌에서 운동 신호를 받아 입 근육을 반복해 움직이면, 그 영향으로 뇌에서 절차 기억(운동 기억, 동작 기억이라고도 한다)이 만들어진다.

단어 정보 신호가 '①~④'의 과정을 통해 흐르면서 입을 다물고 외울 때보다 강한 자극을 뇌가 받는다. 강한 뇌 자극은 오래 지속되는 강한 단어 기억을 형성한다.

• 입을 움직이면 소리 기억이 강화된다

뇌 과학의 관점에서 단어에 대한 기억은, 의식적인 공부를 통해 획득되는 지식에 대한 기억을 부르는 명칭인 '의미 기억'으로 분류할 수 있다. 그리고 의미 기억은 단어의 소리(다른 사람의 소리나 학습자 본인이 내는 것), 모양, 해석 등의 요소가 뇌에서 각각 기억된 후 다시 상호 결합하여 형성된다. 그렇기 때문에 기억을 구성하는 요소 중 하나인 소리를 반복 자극해도 상위 단계인 단어에 대한 기억이 강화된다.

어렸을 때 좋아했던 가수의 목소리는 10년, 20년이 지나도 기억해 낼 수 있다. 뇌에 그 소리가 기억되어 있기 때문이다. 만약 그 가수의 노랫소리를 길을 지나다 우연히 들으면, 가수의 이름, 얼굴, 노래 제목 등 연결된 기억이 같이 떠오를 수 있다. 흔히 경험한다. 소리를 잘 활용하면 관련 기억들도 강화된다는 것을 간접적으로 이해할 수 있는 현상이다.

입을 다문 상태에서 속으로만 읽어도 실제 목으로 소리를 낼 때와 유사하게 뇌에서 인식한다. 즉 소리 기억이 형성된다. 그런데 입 근육마저 움직인다면 속으로 읽을 때보다는 더 강하게 소리 기억을 자극할 것이다.

속으로만 읽어도 실제 입으로 소리를 내는 것과 유사하게 뇌가 작동

한다는 것을 증명한 한 가지 연구사례를 소개한다.[1]

　　이탈리아(Italy)에서 신경외과의사인 로렌조 마그라시(Lorenzo Mag-rassi) 박사의 주도로, 단어나 문장을 소리 내 말할 때와 속으로만 읽을 때 및, 읽을 수 없는 대상을 볼 때 각각 뇌에서 벌어지는 현상의 차이를 과학적으로 비교했다.

　　뇌종양으로 수술이 필요한 16명의 이탈리아 사람들(남자 12명, 여자 4명)의 뇌를 국소마취만 시키고 의식은 깨어 있는 상태에서, 뇌의 전두엽(frontal)에 위치해 말하는 기능을 담당하는 브로카(broca)라는 부분에 뇌파 측정기를 연결해 뇌파를 측정했다.

　　단어와 문장을 먼저 큰 소리로 읽게 하면서 뇌파를 측정하고, 그다음은 동일한 단어와 문장들을 입술이나 몸을 움직이지 않고 속으로만 읽게 하면서 다시 측정했다. 실험 결과, 소리를 내지 않고 읽는 묵독(subvocalization)의 경우도 마치 입으로 소리를 내는 것과 유사한 패턴의 뇌파를 형성하는 것이 관찰되었다.

　　반면 읽지 않았을 때와 비교하기 위해 이미지만 있는 슬라이드를 보는 상태에서의 뇌파를 측정했을 때는 뇌파가 거의 나타나지 않았다.[2]

1　이태리의 뇌 연구가들이 소리를 내지 않고 심지어 입술도 움직이지 않으며 속으로만 읽어도, 실제 소리를 내는 것과 유사하게 뇌가 인식한다는 것을 뇌파 측정으로 증명했다.
　　동일한 낱말을 대상으로 소리를 낼 때와 내지 않고 속으로만 읽었을 때를 비교해 봤더니 유사한 뇌파가 나타났던 것이다. 반면 그림을 보여 줬을 때는 소리를 담당하는 뇌의 영역이 거의 반응하지 않았다.

(a) 소리 내어 읽을 때의 뇌파 형태

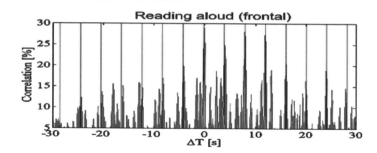

(b) 속으로만 읽을 때의 뇌파 형태

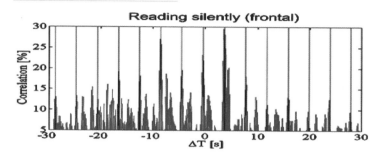

(c) 이미지를 보고 있을 때의 뇌파 형태

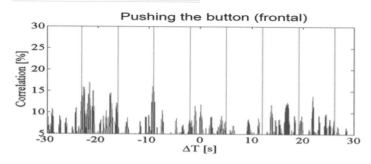

영어 단어 암기의 천재가 되는 비법

실험 결과를 보면 묵독했을 때도 뇌가 소리를 인식하는 것은 명확하다. 소리를 내서 읽을 때와 그래프를 비교하면 소리의 크기를 나타내는 뇌파 세기의 차이가 조금 있을 뿐이다. 만약 소리를 내지 않더라도 입 근육을 움직인다면 입을 다물고 읽을 때보다는 뇌가 더 강하게 소리를 인식할 것이라 추정된다. 단어 암기할 때 입을 움직이기만 하면 뇌가 골고루 자극받을 뿐만 아니라, 입 동작에 의한 운동 기억 형성과 소리 기억 강화라는 효과까지 덤으로 얻을 수 있다는 것이다. 결론적으로 단어가 더 잘 암기된다.

• 토익 수강생들 통해 검증한 입사용의 중요성

토익 강의를 할 때 다수의 수강생들을 대상으로 한 테스트를 통해, 입 근육 이용 암기의 효과를 반복 검증했었다. 테드식 단어 암기법을 처음 체험시킬 때 입을 사용하라는 얘기를 미리 안 하면, 거의 모든 사람들이 입을 다물고 외운다. 손으로 쓰지 말라고 내가 미리 얘기했기 때문에 눈으로 보며 속으로만 읽는 것이다. 그러면 못 외운 단어들이 비교적 많이 나온다. 하지만 강제로 입을 움직이며 암기시키면 성과가 대폭 상승한다. 그 차이가 항상 컸다.

특히 기억에 남는 사례가 하나 있다. 장기간 영어 공부를 하지 않았던 직장인 한 분이 계셨는데, 첫 수업시간에 테드식 암기법을 체험하고는 무척 기뻐했다. 단어 암기를 가장 큰 골칫거리로 생각했었는데 쉽게 해결될 것 같다고 나에게 말했다.

그런데 수업이 없는 다음 날, 첫 시간에 알려 준 내 휴대폰 번호를 이용해 전화를 걸어왔다. 배웠던 대로 했는데도 수업 때와 달리 잘 안 외워진다고 했다. 단어 암기 과정을 물어보니까, 입을 사용하는 것을 깜박 잊고 속으로만 읽었던 것이 문제였다. 입을 움직이며 암기하는 것의 중요성을 다시 강조하고 대화를 끝냈다. 시간이 얼마 지나지 않아 또 다시 전화가 왔다. 흥분된 목소리로 잘 외워진다고 말했다.

속으로만 읽는다고 안 외워지는 것은 아니다. 그러나 입을 움직이면 뇌 자극이 강해지므로 더 쉽게 외워진다. 특히 뇌가 거부하는 것처럼 암기가 잘 안되는 단어들이나, 철자가 어려운 단어들을 암기할 때 그 효력을 더 명확히 체감할 수 있다.

영어 단어 암기의 천재가 되는 비법

03

딱 3분간 20단어 암기에만 집중한다

공부나 일을 할 때는 멀리 보이는 장기 목표를 달성한다는 생각보다, 눈에 보이는 단기 목표를 설정해 조금씩 이뤄 가는 편이 집중력을 유지할 수 있어서 효율적이다. 단어 암기 또한 그러하다.

새 단어 책을 책상 위에 놓으면 처음에는 학습 의욕이 생긴다. 하지만 몇 페이지만 보면 금방 수그러든다. 반복 쓰기 방식으로 장시간이나 장기간 암기를 해야 한다는 생각을 가질 때 흔히 겪는다.

반면 눈과 입만 사용해 3분 정도 집중 암기하는 것은 누구에게나 쉽다. 게다가 일단 암기를 시작하면 사고속도가 빨라지면서 긴장이 조성되므로 자동 집중이 된다. 외울 단어 수가 주어진 시간 대비 많기 때문이다. 혹여 20단어에 못 미치는 10~15단어만 3분 정도의 시간에 외울수 있어도 놀라운 일 아닌가? 그렇게 3분씩 집중해 외우다 보면 몇천 단어 정도는 지루하지 않게 1~2주 만에 암기된다.

고속 암기도 10분, 20분, 30분과 같은 큰 시간 단위로 나눠서 하면 힘들다. 지속적인 고도 집중으로 에너지 감소는 커지는 반면 회복할 틈이 없어 지친다. 그러나 3분씩 나눠서 하면 몇십 초만 쉬어도 에너지가 회복된다. 강한 집중을 필요로 하므로 처음에는 조금 힘들겠지만, 며칠만 의지를 가지고 지속하면 뇌가 속도에 적응하기 때문에 편해진다.

의지만으로는 바꾸기 어려운 반복 쓰기 및 느린 암기 습관을 쉽고 빠르게 개선하려면 일정한 틀에 맞춰 연습해야 한다. 3분 20단어 암기는 그러한 틀이다. 하루 30분 이상씩 4~5일 정도는 시간과 단어 수를 맞춰 암기해 줘야 습관화된다. 고속 암기 습관이 자리 잡힌 후에는 시간을 재거나 단어 수를 20개로 구분하지 않아도 감각적으로 비슷하게 외우게 된다.

3분 20단어 암기는 내 우연한 경험에서 나왔지만, 다른 많은 사람들을 통한 테스트와 분석을 통해 적정성을 확인한 것이다. 회사 동료들이나 토익 강의할 때 수강생들을 대상으로 3분 20단어 암기를 시키면, 차이는 있지만 대체로 2~3회 연습으로 80~90% 이상은 15~20단어를 암기했다.

3분간 외울 단어 수가 너무 적으면 집중력이 약해지고, 너무 많으면 지나친 긴장으로 사고가 마비되어 단어 인식이 힘들어진다. 물론 절대적인 기준은 아니다. 그러나 3분 15단어 이상은 외워야 한다. 그 이하면 집중력이 떨어지고 잡념이 생긴다.

3분 20단어 암기를 통해 단어를 쓰지 않고 단기간에 많이 외울 수 있다는 확신이 생기면 새로운 암기법 체험에 성공한 것이다. 그 이후에는 시간과 단어 수를 한정하지 않고 각자의 편의성을 고려해 조정해도 된다. 단 시간을 제한하지 않더라도 3분 20단어 암기 시와 유사한 속도

영어 단어 암기의 천재가 되는 비법

는 유지해야 효과적으로 고속 암기를 할 수 있다.

- 3분 20단어 암기 시 유의할 점

① 단어 수를 20단어 기준으로 구분한다. 자료 특성상 정확히 나눌 수 없으면 20개보다 조금 적거나 많아도 상관없다.

→ 처음에는 힘들더라도 며칠 정도는 기준에 맞춰 연습해서 효과를 반복 체험해야 한다.

② 3분이 지나면 암기를 바로 멈춘다.

→ 암기법이 체화되었다고 스스로 느끼기 전까지는 3분이 되는 시점에 바로 멈춰야 한다. 여유를 주지 말고 3분 내 한두 단어 외에 다 암기할 수준이 될 때까지 치열하게 연습해야 한다. 천천히 외우면 속도감이 길러지지 않는다. 강한 훈련을 해야 효과도 확실히 체감하고 반복해 쓰며 암기하던 습관도 빨리 고쳐진다.

04

사투리를 쓰더라도 자신감 있게 읽어라

새 단어를 외우는 도중에는 가능한 한, 발음 기호를 순간적으로 한 번만 본다. 그리고 실제 발음과 차이가 있더라도 단어에만 집중하면서 자신감 있게 읽으며 외운다. 영어 단어에만 집중할수록 기억이 잘된다. 한국식 발음 혹은 사투리가 섞였더라도 대략 읽을 수 있으면 충분하다. 만약 소리를 낼 수 없는 환경이라면 입 근육만(가능한 한 크게) 움직인다.

고속으로 외우는 도중에는 '원어민의 발음은 어떨까?'라는 생각을 하지 말고 100% 정확한 듯 읽어야 한다. 그러면 암기 속도와 집중력이 유지되어 기억이 강화된다. 발음이 정확한지 의식하며 주저하는 순간 집중이 깨지고 암기 성과가 낮아진다. 대략적인 단어의 소리 및 철자와 한글 해석을 머리에 일차 기억시키는 것이 중요하다. '선 암기, 후 발음 보완'의 순서로 해야 효율적이다.

영어 철자만 보고 해석을 기억해 낼 수 있으면 성공이다. 발음이 부정확하더라도 자신 있게 읽으며 외우면 그 수준의 암기는 가능하다. 실제 발음과 약간 차이가 나더라도 그 발음이 왜곡되거나 고착화되는 것을 걱정할 필요 없다. 암기 직후나 며칠 혹은 몇 주 내에 보완하면 된다. 어차피 고속 암기를 며칠 정도 연습하고 나면 발음 우려가 저절로 사라질 것이다.

인도, 중동, 동남아 사람들의 영어 발음을 들어 보면 모국어의 특유한 억양을 그대로 사용하는 경우가 많다. 그렇다고 원어민과의 의사소통에 어려움은 없다. 나도 회사 일을 하며 관련 국가 사람들과 영어로 대화를 자주 했었는데, 처음 대화 시작할 때만 들을 때 약간 혼동되었을 뿐 업무 진행에는 지장이 없었다.

의사 표현이 더 중요함에도 불구하고, 우리나라 사람들은 유교적 전통의 영향 때문인지 발음의 유창함과 문법의 정확성을 지나치게 의식한다. 창피함을 잊고 말을 자신감 있게 뱉어야 회화 능력이 빨리 향상된다. 말을 일단 시작하면 단어나 문장도 기억이 잘되고, 뭐라도 기억이 되어 있어야 수정 및 보완할 내용도 생긴다. 정확성을 먼저 따지다가는 아무것도 제대로 못 한다. 단어 암기도 마찬가지다. 철자와 해석도 암기하지 못한 상태에서 발음에 집착하기보다는, 단어를 보고 해석을 떠올릴 수준으로 일단 기억시킨 후 발음을 수정하는 편이 최소 몇 배는 더 생산적인 학습 방식이다(내 경험상 그렇다).

• 영어 철자와 발음 기호는 상당부분 일치한다

한국어, 스페인어, 이탈리아어, 인도네시아어, 독일어 등은 문자와 발음 기호가 거의 일치한다. 그래서 20~40개 정도의 문자(자음과 모음)와 예외적인 발음 규칙만 배우면 발음 기호 없이 읽을 수 있다. 하지만 영어는 다르다. 주로 모음 5개 때문이다. 영어는 알파벳 모음(a, e, i, o, u)의 소리가 '아, 에, 이, 오, 우'로 하나씩만 있는 것이 아니라 다양하다. 따라서 발음 기호를 별도로 보거나 그 단어를 아는 사람이 말하는 것을 직접 들어야 정확한 발음을 알 수 있다. 예를 들어 'a'는 '아(ɑ), 오(ɔ), 우(u), 어(ə), 이(i), 애(æ), 에이(ei)' 등으로 발음된다. 즉, 알파벳 문자는 동일한데 소리는 아래의 단어들처럼 여러 가지다.

아(father: 파더), 오(call: 콜), 우(road: 로드), 어(fear: 피어),
이(language: 랭그위지), 애(ask: 애스크), 에이(able: 에이블)

그럼에도 불구하고 영어는 알파벳 모양과 발음 기호 모양 및 소리가 꽤 많이 일치한다. 즉, 상당수의 알파벳을 발음 기호처럼 읽을 수 있다. 특히 자음은 일부 예외적인 경우를 제외하고 거의 일치한다. 예를 하나 들면, 알파벳 'f'는 발음 기호도 'f'고 철자와 발음 기호 둘 다 '프'로 소리 난다.

그래서 자신감 있게 읽어 소리를 대략 기억시키면 쓰지 않더라도 일정 부분 철자암기가 가능하다. 'ㅌ' 소리에는 't'가 머릿속에 그려지고, 'ㅎ'에는 'h'가 떠오르는 형태다. 눈으로도 철자를 반복해 보며 외우기 때문에, 발음과 철자의 차이가 있거나 약간 부정확하게 발음해도 보완이 된다. 눈과 입만 사용해 외우는 것에 익숙해지면 쓰는 것 이상으로 정확하게 철자가 암기된다.

영어 단어 암기의 천재가 되는 비법

발음 기호 보는 것이 귀찮으면, 문자 하나당 발음이 가장 다양한 알파벳 모음 5개를 발음 기호처럼 읽어도 된다. 모음을 발음 기호 소리인 '아(a), 에(e), 이(i), 오(o), 우(u)'로 읽으면서 기억해도 큰 문제 없다는 뜻이다. famous(féiməs)는 '페이머스'인데 '파모우스'로 읽거나, April(éiprəl)은 '에이프럴'인데 '아프릴'로 읽어도 철자와 해석은 잘 암기된다. 차라리 철자 기억하기에는 편하다. 그렇게 빨리 암기한 직후나 나중에 발음을 다듬으면 된다. 나는 암기에 집중하기 위해 발음 기호를 보지 않고 그렇게 외우기도 했다.

영어를 처음 사용한 영국인의 조상들은 자신들의 말을 표현할 고유한 문자가 없었다. 우리의 한글 창제 전 역사와 비슷하다. 그래서 고대 로마의 언어인 라틴어의 문자였던 '로마자'를 차용했다. 그런데 빌려온 로마자(우리는 보통 '영어 알파벳'이라고 부른다.)로 원래 있던 말소리를 다 표현하기에 한계가 있었다.

더욱이 15세기경 모음 발음의 대폭 변화('대모음 추이'라 한다.)로 철자와 실제 소리의 차이가 모음에서 심해졌다. 그렇다고 소리를 일대일로 표현할 수 있는 문자를 추가하거나 철자와 발음 기호가 일치하게 철자법을 개혁하지 못했다. 노력은 있었지만 충분하지 못했다. 그런 문제를 해결하기 위해 '국제 음성 학회(IPA: International Phonetic Association)'라는 곳에서 만든 발음 기호를 단어와 별도로 표기한다. 우리가 사전에서 보는 발음 기호도 그것을 이용한 것이다.

발음 기호 없이 읽을 수 있는 다른 외국어들의 학습에 비해 영어 공부가 어렵게 느껴지는 이유 중 하나도, 문자와 발음이 일치하지 않는 부분이 상대적으로 많은 것과 관련이 있다.

그렇다고 처음 보는 영어 단어를 정확히 발음할 수 있을지 걱정하거나 창피해할 필요는 없다. 그런 마음을 가지고 있으면 혼자 암기할 때도 악영향을 준다. 원어민들도 처음 보는 단어를 읽어 보라고 하면 당연하다는 듯이 휴대폰을 꺼내 사전을 찾아 발음 기호를 본다. 같은 어학원에서 강의를 하던 원어민 강사 분들이나, 토익 및 회화 책을 저술하며 감수자로 만났던 원어민들 및 회사 근무할 때 업무상 교류했던 미국인들을 통해 자주 목격했다.

• 발음 기호를 읽을 수는 있어야 한다

단어를 자신감 있게 읽을 수 없으면 암기가 잘 안된다. 기억의 첫 단계인 정보의 인식이 어렵기 때문이다. 단어 암기는 철자, 소리, 해석을 동시에 외워야 하는데, 읽을 수 없는 철자는 의미 없는 추상적 기호일 뿐이어서 외우기 어렵다. 영어 단어를 읽으면서 동시에 해석과 연결해야 비로소 의미 있는 대상으로 전환되어 기억이 가능해진다.

발음이 부정확해도 상관없지만 읽는 것 자체에 대한 불안감을 가지고 있으면 암기에 나쁜 영향을 준다. 따라서 발음에 대한 부담이 너무 큰 사람들은 발음 기호 공부를 다시 해야 한다. 원어민처럼 유창하게 발음하기 위해서가 아니다. 발음 기호를 한국식으로라도 확실히 읽을

영어 단어 암기의 천재가 되는 비법

줄 알아야 하기 때문이다.

발음 기호를 정확히 읽을 수 있는 실력이면, 원어민의 발음을 온라인 사전 등을 이용해 들으면서 단어를 외우지 않아도 발음 왜곡이 거의 발생하지 않는다. 불안하면 일단 '단어를 보고 해석을 떠올릴 수 있을 수준'으로 고속 암기한 직후, 온라인 사전의 음성 기능을 이용해 보완하면 된다.

만약 발음 기호들을 한국식 발음으로라도 읽을 수 있는 실력이 아니라면 단어 암기 자체를 중지한다. 고속 암기가 불가능한 단계다. 발음 기호를 못 읽는 실력으로 단어를 빨리 외우기는 어렵다. 원어민들은 말로 많은 단어들을 이미 외우고 생활 속에서 사용한 후에 철자는 나중에 배우는 것이 일반적이다. 그래서 소리와 의미를 아는 단어들은 발음 기호를 보지 않고도 철자를 익힐 수 있다. 하지만 그것은 태어나면서부터 말을 배워 왔고 일상적으로 사용하기 때문에 가능한 것이다. 원어민이 아닌 외국인이 영어 단어 암기를 효율적으로 하기 위해서는 발음 기호를 읽을 수 있어야 한다.

발음 기호 공부는 1~2일이면 충분하다. 그 기간이면 초등학교 고학년들(5~6학년)도 발음 기호들을 모두 익힐 수 있다. 인터넷으로 파닉스 자료와 발음 관련 영상들을 찾아 이용하도록 한다. 종합 영한사전들의 앞부분에도 발음에 대한 설명이 잘되어 있다.

영어 알파벳 문자 26개(자음 21, 모음 5)보다 발음 기호 수는 더 많다. 하지만 부담이 적은 장모음을 제외하면 약 35개 정도만 외우면 된다(국제 음성 학회 규정을 기준으로는 하지만, 발음 기호 모양 및 수는 영어 사전별로 조금씩 차이가 있다). 그중 특수한 발음 기호 13개(ð, ʃ, ʒ…) 정도 외에는 알파벳 소문자와 모양도 같고 발음도 동일하기 때문에 실제로 외울 것들은 얼마 되지 않는다.

조금씩 오랜 기간에 걸쳐 발음 기호를 공부하는 것은 비효율적이다. 빨리 대략이라도 익힌 후에, 단어들의 철자와 발음 기호를 상호 비교하며 읽어 보고, 원어민의 실제 발음도 들어보며 완성도를 높여가는 학습 방식이 효율적이다. '1장 02단원'에서 이미 설명했지만, **발음 기호를 공부한 후에는, 종이 사전이나 단어 책의 단어들을 해석도 보지 않고 외우지도 않으면서, 발음 기호와 철자만 보며 가볍게 많이 읽으면 도움이 된다.** 읽는 부담감이 줄어들어 단어 암기가 편해질 것이다.

영어 발음 기호 공부할 때는, 한국어와 발음 차이가 큰 'f, l, r, v, θ, ð, ʃ, ʧ, ʒ, dʒ' 등의 발음에 주의해야 한다. 그런 발음들을 온라인 자료를 이용해 원어민의 소리에 가깝게 훈련해 놓으면, 단어들의 발음 기호만 보고도 원어민의 발음과 유사하게 단어를 읽을 수 있다. 특히 'l'과 'r' 발음은 반복 연습을 자주해야 원어민의 느낌이 생긴다.

발음 기호와 철자를 동시에 보면서 상호 비교하며 외우다 보면, 발음 기호 없이도 대충 읽을 수 있는 기능이 나중에 생긴다. 그런 실력이 되면 쉬운 단어들을 고속 암기하는 동안에는 발음 기호를 보지 않고 읽

영어 단어 암기의 천재가 되는 비법

어도 된다(그럴 수 있다는 것을 스스로 인식하는 순간이 온다). 발음이
우려되면 암기 직후에 보완한다.

05

철자, 품사, 관련어, 예문은 일단 제쳐 두자

효과적인 고속 암기를 위해서는 빠른 사고 속도를 유지해야 한다. 긴장, 집중, 몰입 상태를 쉽게 만들고 유지하기 위해서다. 따라서 암기 진행 속도를 늦추는 방해물은 제거해야 한다. 이것저것 다 검토하며 암기했을 때 성과가 좋다면 상관없겠지만, 실제 외워야 할 영어 단어와 주요 해석 하나도 제대로 못 외운다. 불필요한 욕심을 버려야 한다.

암기 도중에는 철자의 정확성을 의식하지 말아야 한다. 암기 속도가 저하되어 집중력이 떨어진다. 철자를 열심히 공부했어도 나중에 단어가 안 떠오르면 아무 소용없다. '단어의 알파벳 첫 글자도 기억해 낼 수 없는데 무엇을 할 수 있을 것인가?' 대략이라도 영어 단어와 해석이 암기되면 어려운 단어라도 철자와 발음이 부분적으로 기억나게 된다.

명사, 동사, 형용사, 부사 등의 품사 구분도 의식하지 말아야 한다. 품사를 정확히 파악하며 외우려 하면 암기 속도가 저하된다. 품사별로 단어 뒷모양('어미'라고 한다.)이 대부분 일정하기 때문에 철자가 외워지면 자동으로 어느 정도 구분이 된다. 예를 들어 부사는 단어 끝이 'ly'로 주로 끝난다. 또한 한글 해석으로도 구분할 수 있다. 부사는 '~게'로,

형용사는 'ㄴ' 받침으로 주로 끝난다는 것을 우리는 이미 알고 있다.

동의어, 반의어, 숙어도 단어 하나를 확실히 암기 후 봐야 한다. 이미 암기된 단어의 기억과 연결되기 때문에 추가 학습은 쉽다. 숙어를 어려워하는 사람들이 많은데, 단어를 쉽게 암기하는 능력을 갖추게 되면 숙어도 동일한 방식으로 금방 외운다.

• 단어 암기 완료될 때까지 예문도 볼 필요 없다

예문을 보면서는 고속 암기를 할 수 없다. 게다가 예문들에는 관련 공부 목적에 맞지 않는 단어들이 있을 수 있다. 그런 경우 불필요한 단어들을 공부하느라 귀중한 시간만 낭비하게 된다. 예문은 가능한 한, 단어 책에 수록된 필수 단어들을 다시 조합해 만들어야 하는데 쉽지 않은 작업이다. 토익, 회화 책들을 저술하고 다양한 단어 책들을 검토해 봤기 때문에 말할 수 있다.

단어 책에는 단어당 짧은 예문들이 보통 1~2개 정도 함께 수록되어 있다. 문맥 속에서 단어를 봐야 살아 숨 쉬는 단어 공부가 된다는 의도로 작성된 것들도 있겠지만, 책 편집상 예문이 들어가야 책 분량이 나오기 때문이기도 하다. 단어 암기에 꼭 필요해서 넣는 것만은 아니다.

굳이 예문을 공부하고 싶다면 단어 책 한 권 암기를 완료 후에 봐야 한다. 기억하는 어휘 수가 많아진 상태이므로 쉽고 빠르게 읽을 수 있다. 그전에 굳이 봐야겠다면 3분 20단어 암기한 후나, 한 단원 정도는 끝내고 봐야 한다.

단어 책 한 권을 외운 후에도 책에 있는 짧은 예문을 보기보다는, 외운 단어들이 실제 사용된 장문 혹은 단문 독해를 보는 편이 현명하다. 그러면 독해 공부와 병행할 수 있어서 효율적이다.

단어 공부 관련해 격언처럼 자주 언급되는 문구가 몇 개 있다. 액면 그대로 받아들이면 예문이나 독해 문장을 보면서 하는 단어 공부가 가장 좋은 방식인 것처럼 오해될 수 있어서 살펴보려 한다.

첫째, '단어는 문장 속에서 살아 움직이기 때문에 단어 공부도 문장을 보며 해야 한다'는 말이다.

의사 전달의 기본 단위인 문장을 보며 그 속에 있는 단어를 공부하는 위주의 방식이, 별도로 단어들만 외우는 것보다 좋다는 주장이다. 틀린 말은 아니다.

하지만 모르는 단어가 지문의 10~20%라도 되는 경우, 단 몇 줄도 제대로 읽을 수 없다. 게다가 독해, 듣기, 문법을 공부하면서 동시에 문장에 있는 단어를 암기하고 있으면 독해 등의 실력 향상도 지체된다. 각 영역별로 공부해야 할 내용에 집중하지 못하게 되어 공부의 악순환이 생긴다.

그렇다고 단어 공부만 장기간 계속하라는 의미는 아니다. 특정 수험에 필요한 단어 범위는 한정적이므로 단기간에 암기를 완료해야 한다. 그 후에 독해, 문법, 듣기, 회화, 작문 등의 공부로 전환한다.

영어 단어 암기의 천재가 되는 비법

'단어가 문장 속에서 살아 움직인다'는 말의 이면에는 단어가 사용되는 배경을 알아야 한다는 뜻도 있다. 그런데 우리가 평소에 잘 인식하지 못하는 중요한 사실이 있다. 우리가 모국어(해석)를 익히는 과정에서 특정 영어 단어가 사용되는 상황에 대한 이해를 이미 끝냈다는 점이다. 즉, 우리가 그 의미를 이미 알고 있는 해석을 영어 단어와 연결해 외우면, 어떤 상황에서 그 단어가 사용되는지 자동으로 인식하게 된다.

예를 들어 'retrieve'는 '(물건 등을) 회수하다'는 뜻인데, 처음 보는 단어라고 해도 해석과 연결해 외우는 순간 언제 어디서 사용해야 할지 바로 알 수 있다. 기본 모국어 소양을 갖춘 중고교 이상의 학습자들이 각 분야에서 배워야 할 영어 단어들이 대부분 그런 상황에 해당된다.

다시 말해서, 단어 자료에 해석만 정확하고 명료하게 되어 있으면, 문맥을 보거나 영한 또는 영영 사전을 참조하지 않더라도 암기 과정에 큰 영향을 주지 않는다. 해석 정리가 잘된 단어 책을 사용하면 그만이다. 좋은 단어 책을 고르는 것이 더 중요하다.

둘째, '문장을 볼 때 모르는 단어가 나와도 사전 찾지 말고 앞뒤 문맥에 근거해 추정하는 것이 좋다'는 말이다.

특정 상황에서만 어울리는 권고 사항이다. 영어 실력이 탁월한 사람이 영자 신문이나 영어 원서를 읽을 때는, 어쩌다 모르는 단어가 나와도 의미를 추정하고 그냥 넘어갈 수 있다. 또한 영어식 사고 정착과 독해 속도 향상이 필요할 때도, 모르는 단어는 표시만 해 놓고 일단 다 읽은 후에 돌아와서 점검하는 것이 좋다.

그러나 중요한 시험과 연관되어 단어의 정확한 뜻을 반드시 알아야 함에도 불구하고 문맥 속에서 추정하고 넘어가는 것은 위험하다. '추정'이란 말 자체가 맞을 수도 있지만 틀릴 수도 있다는 얘기다. 따라서 단 한 개의 문제로도 당락이 결정되는 중요한 시험공부를 할 때는 그 단어의 뜻을 정확히 파악해 외워야 한다.

결론을 내리자면, **필요한 단어들 대부분을 단기간 먼저 외운 후에 문장을 보는 방식의 공부가 효율적이다.**

영어 단어 암기의 천재가 되는 비법

06

주요 해석 하나만 먼저 외우자

해석을 많이 외우면 신속한 단어 암기에 방해가 된다. 영어 단어와 주요 해석 하나만 먼저 외우고, 더 필요한 경우 나중에 복습할 때 추가로 암기해야 효율적이다. **순서만 바꾸면 암기 성과에 큰 차이가 생긴다.**

주요 해석은 맨 앞에 있는 해석을 말한다. 정상적인 단어 책이나 자료라면, 관련 시험 등의 누적 통계에 근거해 가장 중요한 해석을 앞에 배치한다. 영한사전의 경우는 보통 첫 번째 번호에 있으면서 동시에 굵은 글씨체로 강조된 것이다.

나의 중고교 시절 영어 선생님들은 종이 사전을 이용하는 공부를 강조했다. 그래서 사전에서 단어 하나를 찾으면 밑줄을 그어 가며 이런저런 해석을 많이 보려 노력했고 교과서에 옮겨 적은 후 외웠다. 그러나 해석이 많은 단어를 볼 때면 '언제 다 외우고 어떤 것을 사용해야 되지?'라는 고민을 한편으로 했었다.

한 단어가 여러 의미를 가지고 있더라도 원어민들은 나이, 교육 과정, 담당 업무 등에 따라 점진적으로 필요한 의미들을 배울 것이다. 그런데 우리들은 그런 과정을 거칠 수 없기 때문에 일단 많이 알고 있어야 한다는 강박관념이 있는 듯하다.

그러나 실제 우리나라 영어 시험들은 중고교, 대학, 각종 수험 및 관련 분야의 수준에 거의 맞게 단어와 해석이 출제된다. 그래서 기출 단어집이 있는 것이다. '몇십만 개의 단어와 수많은 해석들을 다 외울 수는 없지 않은가?'

예를 들어 'transfer'라는 단어는 '(물건을) 옮기다, (차나 기차 등을) 갈아타다, 계좌 이체하다, 부서를 바꾸다, (권리 등을) 양도하다' 등의 뜻이 있는데. 중고교 때까지는 '(물건을) 옮기다, (차나 기차 등을) 갈아타다'만 알면 될 것이다. 나머지 의미들은 대학이나 회사에 들어간 후 필요할 때 암기하는 것이 타당하다.

주요 해석 위주로 외워야 하는 대표적인 시험이 토익이다. 토익은 미국 회사에서 일하는 회사원이라면 누구나 알 수 있는 아주 일상적인 비지니스 용어 위주로 출제 기준이 정해져 있다. 해석도 그 범주를 벗어나지 않는다. 실제 시중에 나온 토익 단어 책들 중 대표적인 것 두 권만 골라서 펼쳐 보면, 단어마다 실제 시험에 출제되는 주요 해석 한두 개 위주로 실려 있음을 알 수 있다. 시험에 대한 누적 자료가 많고 전문가들 분석도 치밀하게 되어 있어서 불필요한 해석들을 넣지 않은 것이다.

몇 개월에 걸쳐 단어 책 한 권의 암기를 완료해도 되는 여유 있는 상황이거나, 어휘력이 갖춰져 있거나, 영어를 전문적으로 다루는 입장에 있다면 해석을 천천히 많이 봐도 상관없다. 그렇지 않다면 목표 단어들을 빨리 암기하기 위해 주요 해석 먼저 외워야 한다.

한 단어에 딸린 해석이 다양한 경우 일반 학습자가 적정한 것 하나를 고르기는 힘들다. 따라서 각 분야별 전문가들이 오랜 기간의 분석을 통해 정성 들여 만들어 놓은 단어 자료를 이용해야 한다. 좋은 자료를 선택하면 공부 기간이 단축된다.

• 해석의 의미는 정확히 알아야 한다

한글 해석의 의미 자체를 잘 모르거나, 알고는 있어도 사용을 거의 안 해 본 경우 영어 단어가 잘 안 외워진다. 아래의 영어 단어들을 한번 외워 보길 바란다. 한글을 읽을 수는 있어도 해석의 뜻을 모르는 사람들은 외우기 힘들 것이다.

> suprarenal[sjùːprəríːnl]: 부신겉질
> exudation[èksjudéiʃən]: 삼출물
> anodize[ǽnədàiz]: 양극처리를 하다

영어로 된 단어를 해석과 떼어서 보면 의미 없는 기호일 뿐인데, 해석 자체를 이해하지 못하면 영어 단어와 해석 둘 다 추상적인 정보가 된다. 기억이 잘될 리가 없다. 만약 해석의 뜻을 모르는데도 꼭 외워야 하는 영어 단어가 있다면 국어사전이나 전문 용어 사전을 먼저 찾아봐야 한다.

그래서 테드식 단어 암기법은 중학생 이상이 사용하는 것을 원칙으

로 한다. 모국어 지식과 경험이 부족하면 빠르게 단어를 외울 수 없다. 중고교 과정, 토익, 토플, SAT, GRE, 편입, 공무원 및 기타 전문영역에서 요구되는 단어들을 외워야 하는 사람들은, 국어사전을 보지 않더라도 관련 해석을 이해할 수 있는 수준일 것이다. 혹여 뜻을 모르는 것들이 있더라도 그 수가 적을 것이다.

토익 강의할 때 수강생들이나 그 외의 다른 사람들을 대상으로 내가 테드식 단어 암기 훈련을 시킬 때 관심 있게 보았던 것 중의 하나도, '한글 해석'에 대한 이해와 암기 성과의 상관관계다. 관찰한 바에 따르면, 해석을 이해 못하면 영어 단어도 잘 못 외웠다.

해석의 의미를 알고는 있지만 자주 사용하는 한국말이 아닌 경우도 다른 단어들에 비해 암기 성과가 낮았다. 예를 들어, 'vex[veks]'는 '성가시게 하다'는 뜻인데 의미는 알아도 평소에 많이 사용하지 않는다. 그래서인지 공통적으로 잘 못 외웠다. 차라리 '귀찮게 하다'로 해석을 달아 놓으면 더 쉽게 암기했다.

그런 경험을 하다 보니 '모국어를 잘하는 사람이 외국어도 더 잘할 수 있다'는 말의 타당성을 이해하게 되었다. 반드시 그렇지는 않겠지만 기본적으로는 맞는 얘기라고 생각한다.

영어 단어 암기의 천재가 되는 비법

단 몇 초를 암기해도 뇌는 자극하자

한 단어만 계속 보며 암기하면 반복 횟수가 증가하더라도 그에 비례해 기억이 강화되지는 않는다. 효과가 없는 것은 아니지만 뇌 자극이 약해지므로 비효율적이다. 단 몇 초나 몇십 초라도 간격을 두고 반복 암기하는 것이 뇌를 더 자극한다. 기억 관련 연구자들의 실험을 통해서도 검증된 현상으로, '간격 효과(spacing effect)'라고 부른다. 동일한 내용을 일정 간격을 두고 복습하면 뇌가 자극을 받아 학습 효과가 증대된다고 한다. 나는 직접 경험 및 다른 사람들을 대상으로 실행한 테스트로 '간격 효과'를 명확히 확인했다.

단어 외울 때 한 단어만 계속 보면 뇌 자극이 약해진다. 따라서 일단 외워졌으면, 단 몇 초나 몇십 초라도 다른 단어들을 암기하다 다시 와서 재학습하는 방식을 취해야 한다. 그러면 뇌 자극이 되면서 기억이 강화된다. 기억에 미치는 효과가 적으므로 한 단어만 계속 보면서 본인의 의지를 시험할 필요 없다.

테드식 단어 암기법에서는, 3분 20단어 암기할 때 단어들을 눈어림으로 약 10개씩 두 그룹으로 구분해, 각 그룹별로 3~4바퀴 이상 빙빙 돌며 외운 후, 다시 전체 20단어를 최종적으로 빠르게 복습하는 '순환 반복 암기'를 한다. '간격 효과'를 이용하는 것이다.

며칠이나 몇 주 간격의 복습에 의한 간격 효과만 설명하는 학습서들이 있는데, 몇 초, 몇십 초, 몇십 분 주기로 해도 '간격 효과'가 발생한다.

• 표시는 뇌에 주는 강력한 신호다

암기할 때나 성과 평가할 때 및 복습할 때, 기억 상태가 의심스러운 단어들이 있으면 필기구로 'V' 표시하거나 밑에 줄을 긋는다. 의도적인 표시는 우리의 눈과 귀 등 오감을 통해 온종일 뇌에 유입되는 수많은 정보들 중에서, 더 집중해야 할 것에 대한 신호를 뇌에 적극적으로 주는 행위다.

단어를 암기한 당일은 외운 단어들 간 기억 강도의 차이를 명확히 못 느낀다. 그러나 하루나 며칠 정도 지나서 점검해 보면 처음에 잘 외워졌던 단어들보다, 기억이 잘 안되어서 신경을 더 썼던 단어들이나 표시해 놓은 단어들의 기억이 더 생생하다. 쉽게 외워진 단어들의 기억이 오래갈 것 같은데 실제는 그렇지 않다.

가르쳤던 토익 수강생들도 쉽게 외운 단어들이 나중에 더 잘 기억날 것이라고 처음에는 대부분 생각한다. 그러나 평가 시 해석을 떠올리지 못해 칠판에 표시 후 재암기를 시킨 단어들을 더 잘 기억해 낸다. 학습 시점에 우리가 예상하는 기억 강도와 뇌가 실제로 받아들이는 자극의 세기에 차이가 있는 것이다. 그래서 효율적인 학습 방식이 중요하다.

영어 단어 암기의 천재가 되는 비법

가능한 한 뇌를 자극하는 방법을 사용해야 한다.

표시 도구는 연필 사용을 추천한다. 나의 경우 처음에는 볼펜을 쓰다가 연필로 바꿨다. 나중에 지우기 위해서다. 반복 학습으로 단어가 완전히 익숙해진 상태에서도 표시가 있으면 나중에 복습할 때 자꾸 보게 되어서 번거로웠다. 암기 안 된 단어 위주로 집중 학습해야 시간과 에너지 낭비를 줄일 수 있다. 잘 외워진 것들을 자주 볼 필요 없다.

08

출력의 강력한 기억 강화 효과를 활용하자

입력(input)은 정보를 보고, 듣고, 쓰면서 일차적으로 뇌에 기억시키는 암기 작업을 의미한다. 반면 출력(output)은 기억시킨 정보를 보거나 듣지 않고 입으로 말해 보거나(암송), 글로 써 보거나, 떠올려 보거나, 시험을 보는 것을 의미한다. 즉, 기억한 것을 끄집어내는 것인데 그 자체로 강력한 복습 효과가 발생한다.

정보를 보거나 들으며 암기할 때와 달리 출력은 자료 없이 떠올리는 것이므로, 뇌가 가지고 있는 모든 자원들을 총동원해 작업한다. 그 과정에서 뇌가 강한 자극을 받아 기억 저장용 뇌 신경망이 빨리 형성되고 튼튼해진다. 입력 위주의 복습(= 주입식 암기)보다 뇌 자극이 훨씬 강하다. 그 특징을 단어 암기 과정에 잘 활용하면 고속 암기에 도움이 된다.

예를 들어, 길 지나다가 우연히 만난 사람이 초등학교 동창이라고 아는 체를 하는데 바로 기억나지 않는다고 하자. 그러면 그 사람 이름, 다른 친구들, 살던 곳, 담임선생님 및 함께했던 사건 등 기억 속에 있는 다양한 단서들(뇌에 신경망의 형태로 존재하는 정보들을 말한다.)을 동원해 기억해 내려고 노력할 것이다. 즉, 출력을 실행한다.

그 과정에서 뇌신경 세포들 간 신호를 활발하게 주고받게 되고, 뇌세포 간 결합상태('시냅스 연결'이라 한다.)도 더 조밀해지면서 튼튼해진다. 기억 관련 단백질 등 화학물질의 생성 또한 증가한다. 그렇게 해서 얼굴이 떠오르면 그 시점부터 아주 오랜 기간 기억에 남아 있을 것이다. 기억이 강화되었기 때문이다.

테드식 단어 암기법도 출력 효과를 적극적으로 이용한다. 암기 도중 및 직후에 영어 단어만 보며 한글 해석을 떠올리는 방식은, 일종의 간편 문제풀이 방식의 출력이다. 고속 암기를 초기 체험할 때 효과를 우연히 알게 되어서 암기 절차에 넣었다.

다양한 출력 방식이 있지만 암기에 쉽게 적용하기 위해서는 부담이 적어야 한다. 영어 단어와 해석을 둘 다 보지 않고 머리로만 떠올리거나, 연습장에 써 보거나, 사지선다형 및 괄호 넣기 형태로 하게 되면 힘들어서 자주 안 하게 된다. 영어 단어만 보며 해석을 떠올리는 간이 평가 방식이 좋다.

회화를 할 때는 머릿속으로 영어 단어를 떠올릴 수 있어야 한다. 따라서 한글 해석을 보고 영어 단어를 생각해 내는 연습도 필요하다. 하지만 단기간에 고속으로 많은 수의 단어를 암기하기 위해서는 단어를 보고 해석을 생각해 내는 것에 먼저 집중해야 효율적이다. 그 정도 수준이 되면 해석을 보고 단어를 떠올리는 것도 그다지 힘들지 않게 된다.

• 출력 방식 공부 효과에 대한 실험 사례

출력 방식의 단어 암기가 주입식 암기 방식에 비해 장기 기억 유지에 미치는 영향이 훨씬 크다는 사실을 검증한 실험 내용을 소개하겠다. 공부 방식 선택의 중요성을 이해하는 데 도움이 되는 내용이다.

미국 퍼듀 대학(Purdue University) 심리과학학과의 제프리(Jeffrey D.Karpicke) 박사와 워싱톤 대학(Washington University) 심리학과의 헨리(Henry L.Roediger, Ⅲ) 박사는, 외국어(스와힐리어: 동아프리카에서 주로 사용, 영어와 같은 로마자를 문자로 사용함.)에 대한 반복학습(입력)과 반복 시험(출력)이 기억에 미치는 영향에 관한 실험논문을 미국의 〈사이언스(Science)〉지에 발표했다. 그들은 실험을 통해 아래의 세 가지 내용을 규명하려 했다.[3]

첫째, 반복적인 공부인 입력은 장기 기억 형성을 촉진하는 것으로 보지만, 출력인 시험을 치르는 것은 공부 결과를 단지 평가하는 기능으로만 인식하지 기억 강화 과정으로 보지 않기도 하는데 실제 결과도 그러한가?

둘째, 실험 참가 학생들이 서로 다른 공부 방식으로 암기하고 나서, 일주일 경과 후 얼마나 기억할 것이라고 스스로 평가하는가? 즉, 자신이 사용한 공부 방식의 효과에 대해 제대로 이해하고 있는가?

셋째, 학습 속도와 장기 기억이 상관관계가 있는가? 즉, 빨리 학습하면 빨리 망각되는 부정적 영향을 주는가, 아니면 오래 기억되게 하는

영어 단어 암기의 천재가 되는 비법

긍정적 영향을 주는가?

실험을 위해 (미국)대학생들을 학습 조건이 다른 네 개의 그룹으로 나누었다. 그리고 스와힐리어 단어와 영어해석이 한 쌍으로 된 40개 단어를 공부(입력)하게 한 후, 스와힐리어 단어만 보고 영어해석을 기억해 내는 방식(출력)으로 테스트를 했다. 그룹 별로 '총 4차'에 걸쳐 실험을 실시했다. 1차 시기(period)에서의 단어 공부(study)와 성과 평가(test)는 네 그룹 모두 동일한 조건하에서 실시했고, 2~4차 시기까지는 1차 때의 평가 결과에 근거해 네 그룹의 공부와 평가 방식을 각각 다르게 진행했다. 결론을 미리 얘기하면, 입력 위주의 학습보다 출력 위주의 학습 성과가 약 2배 이상 높았다.

1 그룹
1차 시기: 단어와 해석 40개 전체를 끝까지 공부시킨 후, 40개 전부 확인 테스트 진행.

2~4차 시기: 각 시기마다 직전 시기의 평가 테스트에서 틀리는 것이 나오면 40개 전부를 다시 공부(입력)시킨 후, 40개 전부에 대해 다시 테스트(출력) 진행.

2 그룹
1차 시기: 단어와 해석 40개 전체를 끝까지 공부시킨 후, 40개 전부 확인 테스트 진행.

2~4차 시기: 각 시기마다 직전 시기의 평가 테스트에서 틀린 단어만 다시 공부(입력)시키되, 40개 전부에 대해 다시 테스트(출력) 진행.

3 그룹

1차 시기: 단어와 해석 40개 전체를 끝까지 공부시킨 후, 40개 전부 확인 테스트 진행.

2~4차 시기: 각 시기마다 직전 시기의 평가 테스트에서 틀린 단어가 있을 경우, 단어 40개 전부를 다시 공부(입력)시킨 후, 틀렸던 단어만 테스트(출력) 진행.

4 그룹(가장 일반적으로 사용되는 암기 방식)

1차 시기: 단어와 해석 40개 전체를 끝까지 공부시킨 후, 40개 전부 확인 테스트 진행.

2~4차 시기: 각 시기마다 직전 시기의 평가 테스트에서 틀린 단어만 다시 공부(입력)시킨 후, 틀려서 다시 공부한 단어만 테스트(출력) 진행.

2차 시기부터의 실험 방식(공부 및 평가 방식)은 서로 달랐지만, 네 그룹이 각각 4차 시기까지 테스트를 진행 완료했을 때 최종 기억한 단어들의 수(누적 기준)는 거의 동일했다. 40단어를 다 외웠거나 대부분 암기했다. 1~4차 각 시기별 누적 성과도(각 실험 시기별 평가 시, 답을 기억해 낸 단어들을 1차 시기부터 계속 누적한 개수.) 네 그룹 간에 유사했다. 결론적으로 네 그룹의 최초 실험에서의 암기 성과는 별 차이

영어 단어 암기의 천재가 되는 비법

가 없었다.

각 그룹별로 4차 시기까지 실험을 완료한 후에, 일주일 경과 후 다시 테스트를 하면 얼마나 맞힐 것으로 예상하는지 참가자들에게 물었다. 그룹에 상관없이 평균적으로 40단어의 50%인 약 20단어를 맞힐 것이라고 대답했다.

그런데 일주일 후에 실험 참가자들을 불러서 다시 시험을 봤을 때, 일주일 전 실험 시 1~4차 시기 모두 전체 단어를 대상으로 시험을 봤던 1 그룹과 2 그룹은 거의 차이 없이 약 80%씩 해석을 맞혔다. 반면 1~4차 시기 모두 40단어 전체를 다시 학습했으나 틀렸던 단어들만 시험을 봤던 3 그룹은 36%, 각 시기별로 틀렸던 단어들만 학습하고 그 단어들만 다시 시험을 봤던 4 그룹은 33% 해석을 맞혔다. 각 그룹의 학습자들이 평균적으로 예측했던 50%와 큰 차이가 있었다. 입력 위주의 공부는 예측보다 성과가 낮은 반면 출력 위주의 공부는 예측보다 성과가 높았다. 학습자들이 자신의 공부 방식이 장기 기억에 미치는 영향에 대해 잘 모르고 있음을 보여 줬다.

위의 실험에서 입력과 출력을 합산한 전체 공부량은 유사한데 입력과 출력 중 집중한 부분이 서로 반대인 2 그룹과 3 그룹의 성과 차이가, 입력보다 출력 방식의 암기가 약 2배 이상 기억 유지 효과가 높다는 것을 확실히 증명한다. 2~4차 시기에서 2 그룹은 틀린 것만 재학습했지만 40단어 전체를 계속 시험 보는 출력 위주였고, 3 그룹은 틀린 것만 시험을 봤지만 40단어 전체를 계속 재학습하는 입력 위주였기 때문이다.

또한 실험은 학습의 속도와 암기된 정보의 기억 유지 기간 사이에 반드시 관계가 있다고는 말할 수 없고, 대신에 **어떤 학습 방식을 사용해서 외웠는지가 장기 기억 유지에 큰 영향을 준다는 것도 보여 줬다.** 최초 점검했을 때, 네 그룹 간 1~4차 시기별 누적 학습 성과는 단계마다 거의 동일했음에도(실험 논문에서는 그러한 결과를 학습 속도가 비슷한 것으로 얘기하고 있다), 일주일 후 장기 기억 상태 테스트 시에는 결과가 많이 달라졌기 때문이다. **일단 정보를 암기해서 생각해 낼 수 있게 된 다음에는, 추가적인 '반복 입력(input)'보다, 기억한 것을 꺼내어 사용하는 '반복 출력(output)' 학습이 장기 기억 유지에 중요했다.**

실험 결과가 제시하는 가장 중요한 점은, 암기한 단어들에 대한 문제 풀이 방식의 평가(출력 형태의 공부)가 단순한 성과 검증 과정이 아니고, 장기 기억 강화에 중요한 역할을 한다는 사실이다. 효율적 단어 암기를 위해서는 학습 방식을 잘 설계해야 한다는 것을 깨달을 수 있다.

미국에서 열리는 발음 듣고 철자 맞히기 대회인 '스펠링 비(Spelling Bee)' 참가자들이 시합 전 영어 철자를 공부할 때는, 가족이나 친구들 중 한 명이 철자를 발음하고 본인은 맞히는 방식의 게임형태를 즐겨 사용한다고 한다.

철자 맞히는 게임을 하면 동기 부여도 되고 흥미도 증가할 것이다. 그러나 무엇보다 중요한 점은 **평가(출력) 자체가 기억을 강화한다는 사실이다.** 시합 참가자들도 경험을 통해 그런 이점을 알게 되어 이용하는 것이라고 생각된다.

09

전문가가 만든 단어 자료를 사용하자

내가 고교 시절 고속 암기법을 쉽게 습관화할 수 있었던 주요 이유는, 최초 연습했던 단어 자료인 '간이 사전'이 잘 만들어져 있었던 덕분이다. 대입용에 필요한 단어 및 숙어, 발음 기호, 한두 개의 해석이 전부였다. 예문도 없었다. 실제 내가 치른 학교 시험, 모의고사, 대입 시험도 그 사전의 내용에 부합했다.

암기법이 우수해도 단어 자료의 품질이 떨어지면 결과가 좋을 수 없다. 따라서 좋은 단어 자료를 고르는 것이 무엇보다 중요하다. 좋은 단어 자료는 공부하는 사람들이 대비하려는 시험 등의 수준에 맞는 단어와 해석 위주로 작성되어 있어야 한다. 심화 학습을 위한 추가적인 내용이 있더라도 실려 있는 이유가 확실해야 한다. 따라서 단어 책이나 자료 저술자들의 분석 능력이 매우 중요하다.

고교생용이든 공무원용이든 관련 분야 영어에 도사가 될 정도는 되어야, 필요한 단어와 해석을 군더더기 없이 정리할 수 있다. 일상 회화를 잘하는 것과는 차원이 다른 실력이 있어야 한다. 통계적인 감각도 필요하다.

다행히도 지금 우리나라 영어 환경하에서는 필요한 분야의 단어들을 적절한 해석과 함께 잘 정리한 자료들이 대부분 있다. 대입 시험, 공무원 시험, 토익, SAT, 토플, GRE 등이 대표적이다. 중요한 것은 주변 사람의 의견을 통해서든 전문가들의 추천에 근거하든 좋은 단어 자료를 찾아내서 선택하는 데 있다.

• 좋은 단어 책이나 자료가 갖춰야 할 기본 조건

단어 암기에 좋은 책이나 자료는 아래와 같은 구조로 되어 있어야 한다. 내 개인의 학습 경험, 시중에 있는 다양한 자료의 검토, 토익 및 회화 책들을 직접 저술하는 과정에서 단어 정리 작업을 하며 파악했던 내용들이다.

(1) 교과 과정, 수능, 토익, 토플, 각종 수험 등 분야별로 필요한 단어들 위주(빈출 또는 기출 단어 중심)로 정리되어 있을 것

→ 불필요한 단어들이 1~3% 이상이면 분석을 잘 못한 것이다.

→ 보충용 단어들이 있더라도 연관성은 있어야 한다,

(2) 해당 영어 분야에서 사용되는 주요 해석 1~2개 위주로 실려 있을 것

→ 관련 없는 해석이 있거나 이것저것 다 실려 있으면 자료 작성자가 그 분야에 대한 배경 지식이 부족한 것이다.

(3) 해석에 대한 설명이 예문을 볼 필요 없을 정도로 명확할 것

→ 한 낱말이 다의적인 뜻을 가진 경우 앞뒤 설명이 아래와 같이 명확히 되어 있어야 한다.

사례 1.

container[kəntéinər]: 물건을 담는) 용기

courage[kə́ːridʒ]: (두려움에 맞서는) 용기

사례 2.

spear[spiər]: (전쟁에서 무기로 사용하는) 창

window[wíndou]: (열고 닫는) 창

만약, 'spear[spiər]'를 '창'이라고만 해석을 달아 놓으면 '창문의 창'인지 '무기의 창'인지 모르므로 암기하다 주저하게 된다. 사전도 찾아봐야 한다. '(전쟁에서 무기로 사용하는) 창'으로 되어 있어야 정상이다. 만약 '창'이라고만 적혀 있다면 자료 작성자의 노력과 성의가 부족했던 것이다.

(4) 발음 기호가 있을 것

→ 발음 기호를 보지 않아도 되는 사람들도 있겠지만 만약을 위해 책에 있어야 한다.

→ 발음 기호가 없는 단어 책이나 기타 영어 자료는 편의상 생략한 것일 가능성이 높다. 발음 기호 입력에 시간이 많이 걸리고 작업도

영어 단어 암기의 천재가 되는 비법

힘들다. 디자인상 배치가 어려워서인 경우도 있다. 그렇다고 해서 판매되는 단어 자료에 발음 기호가 생략되어 있으면 안 된다.

(5) 가능한 한, 주제별 또는 어원별로 구분되어 있을 것

→ 주제별 또는 어원별로 먼저 구분된 단어들을 다시 알파벳 순서대로 정리한 자료는 괜찮다. 하지만 처음부터 끝까지 알파벳 순서로 된 단어장은 연관 단어들을 묶어서 암기할 때 기억이 잘되는 효율을 무시한 것이다.

→ 수험용인 경우 알파벳 순서대로 된 단어 자료는 가능하면 피해야 한다. 정성이 부족한 것이다.

→ 단어 찾을 때 편의를 고려한 알파벳 순서별 정리는 책 맨 뒤에 인덱스로 되어 있어야 한다.

(6) 예문이 있다면 해당 자료에 나와 있는 단어들의 조합 위주로 작성되어 있을 것

→ 암기 중에는 가능한 한 예문을 안 봐야 한다. 하지만 암기 완료 후에 보거나 이미 어휘력이 갖춰진 사람들은 참고로 볼 수 있다. 만약 단어 자료에 없는 어휘들이나, 해당 단어 자료가 목표로 하는 분야(교과 과정, 수능, 토익 등)와 관련 없는 단어들이 예문에 많이 들어가 있으면 작성자의 정성이 부족하거나 영어작문 실력이 능숙하지 않은 것이다.

10

7일 만에 3,000단어 외워 보기

최초 암기한 단어들의 기억이 대부분 머리에 남아 있을 때 자주 복습해야, 적은 에너지로 몇 배는 빠르게 보며 장기 기억으로 쉽게 전환할 수 있다. 복습 횟수가 증가할수록 공부 시간이 줄어들고 기억은 강화되는 '누적 학습 효과'가 제대로 발생한다.

대부분 사람들이 그 사실을 알면서도 실행하지 못하는 이유는 반복 쓰기로 단어를 외우기 때문이다. 학습 시간이 너무 오래 걸려서 1차 암기하다가 이미 지친다. 결국 망각이 많이 되고 나서야 복습하러 돌아오게 된다. 기억에서 사라진 단어들이 많을 것이므로 정상적인 복습을 못한다. 새 단어 외우듯이 다시 공부해야 한다.

반면 테드식 단어 암기법은 눈과 입만 사용하므로 고속 암기가 가능하다. 조금만 노력하면 최초 암기한 단어들이 80~90% 정도 기억에 남은 상태에서 재학습할 수 있다.

복습은 가능한 한, 매일 하면 좋다. 단기간에 반복할수록 힘은 덜 들고 기억은 빨리 강화된다. 몇 주, 한 달 등의 긴 간격을 둔 재학습은 부득이한 경우가 아니면 생각하지 말아야 한다. 너무 비효율적이다.

새로운 영어 단어는 뇌에 기억 저장용 신경망이 없는 상태기 때문에 자극이 약하면 기억이 생기다 말고 사라진다. 이미 뇌에 형성된 모국어 기억과 연결하며 좀 더 쉽게 공부할 수 있는 과목들과 다르다. 그래서 외국어 공부는 단기에 집중해야 한다. 그렇게 안 하기 때문에 오랜 기간 공부하는 것이다.

동일하지는 않지만 복부에 없던 근육을 만들기 위해 노력하는 과정과 유사하다. 윗몸 일으키기를 힘들게 했어도 며칠 하다 말면 배에 느낌만 있다가 끝난다. 그 동안의 노력 및 투자된 에너지도 물거품이 된다. 실제 눈에 보이는 근육으로 성장시키려면 일정기간 쉬지 않고 운동해야 한다. 기억 형성 과정도 유사하다. 다만 한번 형성된 강한 기억은 신체 근육과 달리 오래 유지된다.

반복 쓰는 방식으로는 불가능 하겠지만 눈과 입만 사용해 매일 학습과 복습을 병행하면, 1~2주 내의 기간에 3,000~5,000단어 정도는 암기를 완료할 수 있다. 복습 시간을 정 확보하기 힘들면, 하루 10~20분이라도 학습했던 내용들을 빠르고 가볍게 훑어보도록 한다. 3분 20단어 암기 훈련을 일정기간 하면 그 정도의 짧은 시간 동안에도 수백 개의 단어들을 대략이라도 볼 수 있는 능력이 길러진다.

- **초고속 누적 복습 방식**

단어 단기 집중 학습 및 누적 복습 방식에 대한 사례를 내 경험에 근거해 참조용으로 아래에 정리한다. 각자의 상황에 따라 진행 정도와 결과가 다를 수 있지만, 내가 특수한 능력을 가지고 있지 않고도 달성했던 것이므로 기준으로 삼아 실행하면 도움이 될 것이다. 테드식 암기법을 며칠 정도 열심히 연습했다면, 온종일 집중 공부를 할 수 있는 경우 일주일에 약 3,000단어 암기는 어렵지 않을 것이다. 시간 여유가 있으면 5,000단어 정도까지도 시도해 보길 바란다. 70~80%만 암기를 해도 영어 단어의 부담에서 자유로워진다.

　첫날 암기: 새 단어들을 '3분 20단어 암기 + 즉시 평가 + 1분 보충 학습' 기준으로 최초 암기한다.

　　① 가능한 한, 하루 500~1,000단어 정도 암기한다.
　　→ 1~2주 정도는 단어만 매일 집중공부 하는 것이 효율적이다.

　　② 가능한 한, 새로 암기한 단어들 일부나 전체를 당일 내에 복습한다.
　　→ 당일에 하면 좋지만 사정상 못하더라도 1~2일 내에는 반드시 한다. 시간이 도저히 나지 않는 경우는 빠르게 대충이라도 본다.
　　→ 복습할 때는 시간과 단어 수를 제한하거나 성과 평가하지 말고 눈과 입만 사용해 아주 빠른 속도록 가볍게 진행한다. 너무 진지하게 하면 복습하다 지친다.

　첫날 이후 암기: 직전 일까지 암기한 단어들을 고속 누적 복습 후 새 단어를 외운다.

영어 단어 암기의 천재가 되는 비법

① 전날까지 암기했던 단어 전체를 아주 빠르게(분당 40~50단어 이상의 속도) 복습한다.

→ 기억이 약하거나 망각된 단어들을 집중 암기하고, 기억이 명확한 단어들은 가볍게 보고 넘어간다.

→ 암기가 계속 안 되는 단어들은 해석을 가리고 영어만 보며 떠올려 본다.

② 고속 누적 복습이 완료되면 새로운 단어들을 암기한다.

→ 전일까지 외운 단어들의 복습이 끝난 후에 새로운 단어들을 암기한다.

위와 같은 방식으로 며칠에 걸쳐 3~4회 복습하면 단어 책에 있는 단어들 대부분이 눈에 익어 보일 것이다. 장기 기억이 된 것이다. 그러면 집중 암기를 완료한다. 그 이후에는 틈틈이 책을 아무 페이지나 펴고 만화책 읽듯이 속독하면서 기억을 유지한다.

잘 암기된 단어들도 가끔 복습을 해 주거나 회화, 작문, 독해 등을 통해 사용해야 한다. 장기간 방치하면 기억이 희미해지거나 소멸된다. 몇 년이 지나도 영어 단어만 보면 해석이 떠오르는 것들도 있지만 일반적이지 않다. 기억에 남아 있을 때 한 번씩 봐 줘야 한다. 시험이 목적이라면 시험을 치를 때까지만 그렇게 하면 된다.

암기가 끝난 상태에서 책을 앞에서부터 차례로 보면 지루해진다. 임의로 아무 페이지나 펴서 읽으면 그런 점이 예방된다. 특정 페이지만 중복해 보는 것이 걱정되면 관련 페이지 위에 왔었다는 표시를 나름대로 해 둔다. 다음에 또 폈을 때 피해가기 위해서다. 나는 그렇게 했다.

• 3,000단어를 7일간 고속 누적 복습하는 사례

예를 들어 3,000단어가 수록된 책 한 권을 매일 500단어씩 암기해서 7일 내에 공부 끝내기로 계획했다고 하자. 만약 첫날 500단어 외웠다면, 다음 날 새 단어 외우기 전에 전날 외운 500단어를 빠른 속도로 복습한다. 3일째 되는 날은 첫날과 둘째 날 외운 단어들을 합산해 1,000단어를 복습할 것이다.

그러면 첫날 외운 500단어는 7일 동안 총 6회 복습하게 되는데, 암기가 확실히 된 단어들이 늘어나면서 실제 복습할 단어들은 계속 줄어들고 보는 속도는 빨라질 것이다. 따라서 7일째 총 복습할 때는 직전일 암기한 500단어에 시간의 대부분이 투자될 것이다.

아래와 같이 고속으로 누적 복습할 수 있다(예를 든 것이지 반드시 아래와 같이 실행하라는 얘기는 아니다).

〈3,000단어, 7일간 암기할 경우〉

경과 일수	고속 누적 복습 방식
1일째	500단어 암기(가능하면 당일 복습한다)
2일째	전일 공부한 500단어 복습 + 새 단어 500개 암기 및 당일 복습

영어 단어 암기의 천재가 되는 비법

3일째	1~2일분 1,000단어 복습 + 새 단어 500개 암기 및 당일 복습
4일째	1~3일분 1,500단어 복습 + 새 단어 500개 암기 및 당일 복습
5일째	1~4일분 2,000단어 복습 + 새 단어 500개 암기 및 당일 복습
6일째	1~5일분 2,500단어 복습 + 새 단어 500개 암기 및 당일 복습
7일째	전체 복습(5, 6일째 암기한 단어 위주로 한다)

위의 표를 보면 날이 경과할수록 복습량이 많아지지만, 누적 학습할
수록 복습할 단어가 줄기 때문에 실제 부담은 크지 않다. 또한 어휘력
이 증가할수록 새로운 단어들의 암기가 더 쉬워진다. 가속이 붙는다.

위와 같은 3,000단어 7일 학습은 테드식 단어 암기법으로 하루 5~8
시간 정도 투자하면 가능하다. 힘들지만 5,000단어까지도 할 수 있다.
큰 맘먹고 한번 시도해 보길 바란다.

• 에빙하우스 망각 곡선에 대한 오해

잘못된 주장에 근거해 복습 기간을 길게 계산하는 경우를 간혹 본 적
이 있어서 짚고 넘어가려 한다. '망각 곡선'에 대해 들어 본 적이 없다면
이 내용을 보지 않고 건너뛰어도 된다.

기억이나 학습 관련 자료에 거의 빠짐없이 언급되는 역사적 인물이
'헤르만 에빙하우스(Hermann Ebbinghaus: 1850~1909)'라는 독일의 심
리학자다. 그 사람은 자신을 대상으로 독일어 단어 암기 실험 후 결과

를 정리해 발표했다.

그의 실험 결과를 그래프로 표시한 '망각 곡선'은 복습 주기를 설명하는 거의 모든 자료에 빠짐없이 등장한다. 그런데 망각 곡선의 해석을 잘못해서 당일, 익일, 일주, 한 달처럼 규칙적인 기간을 두고 누적 복습해야 한다는 식의 잘못된 주장들이 나오기도 한다. 내 경험과 분석에 따르면 1차 암기한 단어의 장기 기억 전환 전까지는 가능한 한 매일 복습할수록 효율적이다.

에빙하우스는 적절한 복습 기간이나 횟수 및 반복 암기했을 때의 누적 학습 효과를 구체적으로 검토하지 않았다. 1차적으로 단어들을 외운 후, 미리 정해 놓은 날짜에 2차로 다시 외우면서 망각상태를 확인했을 뿐이다. 자기가 임의로 정한 날짜에 복습을 딱 한 번만 했다. 따라서 그의 자료에 있는 수치를 그대로 받아들여 영어 단어 암기에 적용하면 안 된다.

그는 독일어 알파벳을 이용해 모음과 자음으로 이루어진 의미 없는 단어들을 의도적으로 만든 후 아래와 같이 실험했다.[4]

① 단어들을 7개의 그룹으로 구분했다. 각 그룹의 단어 수는 십여 개로 동일하고 단어들은 서로 달랐다.

② 재암기 시점도 7개로 나눴다.
(20분, 1시간, 9시간, 24시간, 48시간, 6일, 31일)

③ 재암기 시점별 단어 그룹을 하나씩 배당했다.

④ 재암기 시점별로 구분되어 배당된 단어들을 최초 암기하며 완전히
외우기까지 걸리는 시간을 측정했다(1차 측정).

⑤ 7개로 구분된 각각의 재암기 시점에 단어들을 다시 암기하며 완전
히 외우기까지 걸리는 시간을 측정했다(2차 측정).

⑥ 재암기 시점별로 구분된 각 단어 그룹들의 최초 암기와 재암기에
걸리는 시간을 비교해 자료를 만들었다.

다시 간략히 정리하면 아래와 같이 외우고, 시도할 때마다 완전히 암
기될 때까지 걸리는 시간을 측정했다.

1 그룹 단어 최초 암기 → 약 20분 후 재암기

2 그룹 단어 최초 암기 → 약 1시간 후 재암기

3 그룹 단어 최초 암기 → 약 9시간 후 재암기

4 그룹 단어 최초 암기 → 24시간 후 재암기

5 그룹 단어 최초 암기 → 48시간 후 재암기

6 그룹 단어 최초 암기 → 6일 후 재암기

7 그룹 단어 최초 암기 → 31일 후 재암기

그는 최초 암기에 걸렸던 시간과 재암기했을 때 소요된 시간을 각각
측정한 후, '최초 암기 시간 대비 재암기 시 절감된 시간의 비율[(최초
암기 시간 - 재암기 시간)/최초 암기 시간]'을 계산했다.

또한 재암기를 한 이유가 최초 암기한 단어들의 망각 때문이라고 가정하고, '최초 암기 시간 대비 재암기에 걸린 시간의 비율(재암기 시간/최초 암기 시간)'을 '망각의 양'으로 대체 표현하는 자료를 만들었다. 즉 망각이 많이 될수록 재암기 시간이 길어지므로, 재암기 시간을 망각의 양으로 편의상 본 것이다(망각이 전혀 없으면 재암기도 없다는 의미다). 잊어버린 단어 수가 아니라 재암기에 걸리는 시간으로 망각 정도를 계산한 것이 특이하다.

〈에빙하우스의 '망각 실험' 결과 정리표〉

단어 그룹	a. 재암기 시점	b. 절감율(%)	c. 망각율(%)
1	약 20분 후(19분)	58.2%	41.8%
2	약 1시간 후(63분)	44.2%	55.8%
3	약 9시간 후(525분)	35.8%	64.2%
4	24 시간 후	33.7%	66.3%
5	48 시간 후	27.8%	72.2%
6	6일 후	25.4%	74.6%
7	31일 후	21.1%	78.9%

a. 재암기 시점: 괄호 내의 시간이 실제 시간임

영어 단어 암기의 천재가 되는 비법

b. 학습시간 절감율: [(최초 암기 시간 - 재암기 시간)/최초 암기 시간]
　× 100

c. 망각율: 100% - 절감율

　위의 표는 복잡해 보이지만 내용은 아주 단순하다. 특정 조건하의 망각 비율을 계산한 것일 뿐이다. **따라서 표에 있는 수치는 참조용일 뿐이지 영어 단어 암기에 그대로 적용할 수 없다. 최초 암기 후 시간이 지날수록 망각량이 증가하므로, '가능한 빨리 복습을 해야 되겠구나!'라는 아이디어 정도를 얻을 수 있다.**

　에빙하우스의 실험에는 '얼마나 많이 반복 암기하면 좋은지, 단기간 자주 반복하면 어떤 효과가 있는지, 재암기는 언제 하면 좋은지, 모음과 자음을 합성해 만들어 낸 무의미한 단어가 아니라 실제 사용하는 의미 있는 단어로 암기하면 기억에 무슨 차이가 발생하는지, 암기 강도와 단어의 난이도는 상관 있는지' 등에 대한 자세한 연구 내용은 없다.

　실제 그런 문제점들에 대해 에빙하우스도 발표 자료에 조금씩 언급을 하고 있고 별도 실험도 일부 했다. 예를 들어, 보지 않고도 암송할 수 있을 정도로 단어를 잘 외운 상태에서, 추가로 반복 암기('over-learning'이라 한다.)하면 기억 강화 효과가 어느 정도 있다는 것을 밝히기도 했다. 하지만 체계적이고 반복적 실험은 하지 않았다.

　에빙하우스는 객관성 확보를 위해 의미 없는 단어들을 직접 만들어 외웠다. 하지만 우리는 영어 단어를 한글 해석과 같이 외운다. 그 과정에서 영어철자가 의미 있는 정보로 변환되므로, 해석 없이 무의미한 단어만 암기하는 상황과 단순 비교할 수 없다.

에빙하우스의 자료를 보면 암송이 가능할 정도로 완전히 암기된 단어들이, 20분만 지나면 41.8%가 망각되는 것으로 나온다. 10개 단어를 외운 후 20분 내에 복습하지 않으면 4개가 망각된다는 얘기다. 영어 단어 암기에 그대로 적용할 수 없는 수치다.

에빙하우스는 년도를 달리해 두 차례 시험할 때, 한 단어 그룹의 단어 수를 13개, 16개씩으로 묶어 암송이 되는 수준까지 완전히 외웠다. 만약 어떤 암기법을 사용하든 영어 단어 13개 혹은 16개를 암송할 수준까지 외운다면 20분 정도까지는 대부분 기억날 것이다.

다시 말하지만 단어 암기할 때 복습은 매일 하면 가장 좋다. 부득이한 경우도 2~3일 내에는 하도록 노력해야 한다. 그래야 1~2주 내의 단기간에 3,000~5,000단어 정도를 만족할 만한 기억 강도로 암기할 수 있다.

영어 단어 암기의 천재가 되는 비법

단어 암기 천재들은
단순하게 외운다

개인 능력이 아닌 효율적 암기 방식이 단어 천재를 만든다. 고속
암기를 하는 사람들은 자연스럽게 비슷한 암기 방식을 사용한다.

01

단어 암기 고수들의 암기법은 비슷하다

나는 고속 암기 훈련이 되어 있기 때문에 철자를 읽을 수 있는 외국어들의 단어는 하루 1,000개 이상도 암기할 수 있다. 단어만 보고 해석을 떠올리는 수준을 말한다. 물론 정말 열심히 외워야 하고 장기 기억화를 위해서는 복습도 필요하다.

영어는 아는 단어가 많기 때문에 영어와 같은 라틴어 로마자를 문자로 사용하는 스페인어, 이태리어, 인도네시아어, 베트남어로도 암기법 점검을 위해 1,000단어 이상의 암기를 시도해 봤었다. 모두 가능했다. 반복 쓰기를 하면서는 하루 동안 그렇게 암기할 수 없다. 테드식 단어 암기법으로 눈과 입만 사용해 고속으로 반복해서 보았기 때문에 가능했다.

내가 경험한 단어 암기법의 효과와 성과를 얘기하면 대다수 사람들은 처음에는 슬며시 웃는다. 일반적 상식에서 벗어나기 때문에 지나친 과장으로 들려서일 것이다. 그래서인지 나의 경험과 유사한 사례들을 인터넷이나 책 등을 통해 발견하면 반갑다. 내가 사용한 암기법이 특이하지 않다는 것을 제3자가 객관적으로 증명해 주는 느낌을 받아서

영어 단어 암기의 천재가 되는 비법

그런 듯하다.

비슷한 암기 방식에 관한 내용은 생각보다 쉽게 찾아볼 수 있었다. 그중에서 단어를 5분에 50개까지 외울 수도 있다고 말하는 사람에 대한 내용을 포함한 고속 암기 관련 세 가지 사례를 소개할 것이다.

내 나름대로 고속 암기의 기준을 정의하자면, 기존의 반복 쓰기에 비해 '훨씬 많은 단어들을 몇 배 빠른 시간에 더 오래 기억되게 외우는 것'이다. 소개할 사례들은 그런 기준에 부합한다고 판단된다. 또한 테드식 단어 암기법과 유사한 아래와 같은 세 가지 특징도 공통적으로 가지고 있다.

첫째, 전통적인 암기법인 반복 쓰기 위주 및 문장 속의 단어 공부를 강조하지 않는다.

둘째, 시간을 통제하는 방식 등으로 빠른 암기 속도를 유지한다.

셋째, 매개체를 이용한 연상 방식 암기를 언급하지 않는다.

반복 쓰기 자체가 고속 암기를 가로막는 장애물이므로 강조하지 않는 것은 당연하다. 또한 적절한 긴장은 집중을 유도하기 때문에 외우는 시간을 제한하는 것도 중요하다. 암기 속도가 다소 빨라야 긴장이 유지되는데 시간 통제만으로 간단히 조정할 수 있다. 그리고 테드식 암기법과 유사한 방식을 사용하는 경우 이미지, 핵심어, 장소 등을 기억의 매개체로 사용하는 연상 암기를 적용할 필요가 없다. 훨씬 빠르게 암기할 수 있기 때문이다. 5장에서, 나의 직접 경험에 근거해 주요 단어 암기법들을 나름대로 분석할 것이다.

• 사례 1 : 5분에 50단어도 외울 수 있다는 학생

해외의 유명 대학교들에 입학한, 영어를 잘하는 국내 학생들 12명의 영어 공부법을 인터뷰 후 정리한 책이 있다. 그곳에서 나와 유사한 방식으로 단어 암기한 사례를 발견했다. '쓰지 않고 눈으로만 보며 암기'한 것 외에도 **'3분 단위 암기 습관화'** 등 깜짝 놀랄 정도로 비슷한 점이 많았다. 주요 내용을 정리해 보겠다.

> "방대한 분량의 수험 공부를 할 때 단기간에 많은 단어를 외워야 할 때가 있어요. 그때 자기 자신을 벼랑 끝에 내몰아야 돼요. 진짜 벼랑 끝에서 공부하라는 뜻은 물론 아니고요. 일종의 '배수의 진'을 치는 거죠. '여기서 물러서면 갈 데가 없다'라는 생각으로 최고의 집중력을 발휘해야 합니다. 5분은 어영부영 보내면 굉장히 짧은 시간이지만, 집중하면 단어 50개도 충분히 외울 수 있는 긴 시간이에요."[5]

시험 직전 5분이라는 특정 상황을 예로 든 것이지만, 암기할 수 있다고 말한 단어의 개수 자체는 나에게 아주 인상적이었다. 새 단어들만 암기했을 것이라는 가정하에서다.

하루에 수백 단어를 외웠다는 사례들은 간혹 볼 수 있었다. 하지만 테드식 단어 암기법의 3분 20단어 기준과 같은 분 단위 암기에 대한 언

영어 단어 암기의 천재가 되는 비법

급은 처음 봤다. 손으로 쓰면서는 불가능한데 이 학생도 암기할 때는 눈으로만 보며 외웠다고 한다. 다만, "소리 내서 읽으면 발음에 신경 쓰여서 입을 사용하지 않았다"는 점은 아쉬웠다. 발음이 틀리더라도 신경 쓰지 않고 입을 움직이며 자신감 있게만 읽으면, 소리를 내지 않더라도 기억이 훨씬 강해진다는 것을 잘 알고 있어서다.

나와 유사했던 점은 그뿐만이 아니다. 평소에도 모래시계를 사용해 시간을 측정하며 고속으로 단어 암기하는 것을 생활화했다고 한다. '3분'짜리 모래시계의 모래가 다 떨어지기 전에 목표 단어 수를 다 암기하는 방식이었다. 그 결과로 30분이 채 안 되는 시간에 단어 100개를 외웠다고 한다. 그리고 그 과정이 재미있었다고 한다.

위의 내용을 처음 읽었을 때 3분이 언급된 것을 보고 나도 몰래 눈이 휘둥그레졌다. 내가 고교 시절 3분의 시간을 정하고 20단어 암기를 습관화했던 것과 너무 똑같아서다. 나는 친구들에게 고속 암기 방식의 발견을 자랑하기 위해 '대입용 간이 사전' 두 페이지를 가능한 한 빨리 외우다가 자연스럽게 3분이라는 개념이 생겼다. 3분 20단어 정도로 끊어 외우면 효과적이라는 것은 나중에 인식했었다.

아마 그 학생도 처음에는 집에 있던 모래시계의 고정된 시간에 맞춰 암기했을 것이다. 그러다가 3분 정도가 본인의 고도 집중에 적합하다는 것을 나중에 깨달았을 것으로 추측한다.

1차 암기 후 복습 방식도 약간 차이는 있지만 나와 너무 비슷했다. 처음 암기한 단어들을 당일, 하루, 3일 정도 경과 후 반복하는 단기 재학습을 했다고 한다. 나는 가능한 한 매일 반복하려 했다. "그날 외운 단어를 10줄 미만의 일기를 쓰면서 활용했다"는 것은 나와 달랐다. 나는 작문을 하지 않았었고, 지금도 특별한 목적이 없는 한 단어 암기 목적으로 부담스러운 작문을 할 필요 없다고 생각한다. 그 시간에 눈과 입만으로 복습하면 그 이상의 효과가 있다고 본다. 그렇다고 작문을 못 하는 것은 아니다. 회사에서의 해외 업무 처리나 토익 책 등을 집필하면서 영어작문을 자주 했다. 그래서인지 영어로 글을 쓸 때 한글작문을 하는 것보다 오히려 편하게 느끼는 것 같다.

• 사례 2: 단어가 빨리 반복해 지나가는 기능의 태블릿

오래전 한 회사에서 근무하던 어느 날, 영어 단어 암기용 태블릿에 관한 광고를 우연히 읽었다. 종이 신문이었는지 광고지였는지 정확히 기억나지 않는다. 회사 동료가 구매하고 싶어서 검토해 달라고 나에게 보여 준 것이었다. 그 당시는 지금처럼 다양한 영어 단어 암기 앱(어플)을 스마트 폰 등으로 다운로드해 사용하는 시기가 아니었다. 그래서 영어 단어 암기 전용 태블릿이 나왔다는 것 자체가 특이했다.

광고지에 있는 태블릿 디자인은 투박했다. 또한 어학 관련 소프트웨어 기술이 발달하기 전에 출시된 모델이었기 때문인지, '화면에 영어 단어들이 아주 빨리 반복해 지나가는 기능' 위주로 소개되었던 것 같다. 요즘 어학 공부용 태블릿이나 앱들은 다양한 외국어 자료, 전자 사전, 동영상 강의 및 암기를 도와주는 기타 기능들을 일반적으로 구비한

다. 하지만 그 당시 광고에는 부가 기능에 대한 언급이 없었던 것으로 기억한다.

또한 암기가 잘되는 원리에 대한 뇌 과학적 이론 설명도 없었던 것 같다. '개발하신 분이 단어 공부가 잘 안되는 상황에서, 많은 수의 단어를 눈으로 빨리 반복해 봤더니 암기가 잘되었던 것을 계기로 개발하게 되었다'는 내용 위주였다. 그 정도만 기억난다.

내가 평소 주변 사람들에게 '시간을 정하고 눈과 입만 사용해 빨리 반복해 읽으며 암기하면 잘 외워진다'고 얘기했던 것과 광고 내용이 유사했다. 암기법 처음 체험 상황도 나와 거의 동일했다. 나도 쓰면서 암기하다 지쳐서 별 생각 없이 눈과 입만 사용해 한번 외워 보다, 테드식 단어 암기법이라는 것을 발견했었다. 다른 사람들이 들으면 '설마 그럴 리가?'라고 말할 수 있지만 그냥 순간적인 깨달음이었다.

광고지의 내용만으로 정확한 기능들은 알 수 없었지만, 단어가 아주 빨리 지나가므로 일단 손으로 쓰지 않고 눈으로 외워야 한다는 것, 단어가 화면에 지나가는 속도가 빨라 고속 암기를 해야 한다는 것(강제로 시간제한을 한 것이다), 짧은 시간 동안 반복 횟수가 많다는 것 등 테드식과 유사한 점들이 추정되었다.

그래서 광고지를 가져온 동료에게 나도 고교 시절 비슷하게 단어를 외워서 효과를 경험했다고 얘기했다. 구매해 사용해 보라고도 했다. 가격이 비쌌으므로 돈이 아까워서라도 사용하다 보면 효과를 체험할 수 있을 거라 생각했다.

나에게 광고지를 보여 주었던 직원은 막상 태블릿를 구매하지 않았는데 다른 동료 중 한 명이 정말로 샀다. 그래서 주요 기능에 대해 물어봤다. 광고 내용과 비슷하게 실제로도 단어들이 빨리 반복해 지나가는 것이 핵심 기능이라고 말했다.

10년이 넘은 아주 오래전 얘기를 한 것이지만 지금도 그 기계의 최신 모델이 판매되고 있는 것 같다. 인터넷으로 내용을 보니 아주 유익한 다양한 기능과 콘텐츠(내용물)가 들어 있었다. 뇌의 기억 원리와도 연결시켜 설명하는 내용도 찾아볼 수 있었다.

또한 내가 암기 도중 및 직후 해석을 가리고 영어 단어만 보며 해석을 떠올려 봤던 방식(출력)과 유사한 기능도 있었다. 단어의 해석이 사라졌다가 나타나는 형태인데 지금은 가장 중요한 특징 중 하나로 소개되고 있는 듯하다. 일반적으로 많이들 하는 방식이지만, 종이나 손으로 가리는 것이 아니라 프로그램으로 제어하기 때문에 편리해 보였다.

이미 여러 차례 언급했지만, 단어와 해석을 계속 보면서 외우는 것(주입식)보다 영어 단어나 해석 한쪽만 보면서 다른 것을 떠올리면(출력 방식) 기억이 강해진다. 개발자도 그 효과를 경험했을 것이다. 초기 모델에도 그런 기능이 있었을 것 같다.

• 사례 3: 시간 통제, 즉시 복습 및 평가를 적용한 암기법

〈공부의 제왕〉이라는 TV 프로그램(MBC)에서 영어 단어 학습 방법 관련 내용이 방영된 적이 있었다. 지도하시는 분이 효율적 방식을 실험 참가 학생들에게 교육시키고 그 효과를 검증하는 내용이었다. 나와 유사 사례를 찾다가 인터넷으로 과거 영상을 보게 되었다.

화면으로 본 내용에만 근거하면 '시간제한을 통해 암기 속도를 일정하게 유지하게 하는 것, 단기 복습, 즉시 평가(출력)'의 부분이 테드식 단어 암기법과 유사했다. 또한 손으로 반복해 쓰면서 암기하는 것을 강조하는 언급도 없었다. 공책에 단어를 쓰면서 암기하는 실험자들의 모습이 일부 보였지만 방송 특성상 논란의 여지가 있어서 그대로 두었을 수도 있다.

실험 내용을 정리하면 아래와 같다.

1단계: 각 참여자들에게 단어 책을 제공한 후, 한 페이지 암기에 걸리는 시간을 먼저 측정하게 했다. 그리고 시계를 보면서 각자 측정된 시간(페이지당 암기 제한 시간) 안에 한 페이지씩 외우게 했다.
⇒ 테드식 암기법이 3분 20단어 기준으로 외우는 것과 유사하다. 시간제한 없이 외우면 암기 속도 저하로 뇌가 지루함을 느끼게 된다. 결국 긴장 유지가 되지 않아 집중력이 분산된다.

단, 테드식에서는 3분 20단어 암기를 원칙으로 한다. 본인의 일반적인 암기 속도보다 빠르게 외우면, 집중력이 더 강화되고 각자의 잠재된 고속 암기 능력도 깨닫게 된다. 궁극적으로 단어 공부 기간이 단축된다.

⇒ 스톱워치(stopwatch)나 시계를 사용한 시간 측정은 테드식 단어 암기법에서 '시험 감독관' 같은 역할을 한다. 혼자 공부할 때도 시간과 암기할 단어 수만 통제하면 집중 유지가 쉬워진다. 처음에 그렇게 하다가 고속 암기가 습관화되면 시간을 재지 않아도 된다. 시계 없이도 유사한 암기 속도를 감각적으로 유지할 수 있다. 정확히 얘기하면 뇌에서 그 속도를 기억하고 있는 것이다.

2단계: 페이지별로 외우다가 각자의 제한 시간이 경과하면 멈추고, 그 시간의 1/2 정도를 추가로 사용해 즉시 복습을 시켰다.
⇒ 테드식의 '순환 반복 암기 후 전체 단어를 최종 점검하는 것 및 평가 후 추가 1분 보충 암기'와 비슷하다. 암기 직후 복습은 1차 외운 것들을 다시 보는 것이고 기억이 생생할 때이므로 첫 암기 때보다 속도가 훨씬 빠르고 힘도 적게 든다. 그러나 기억 강화 효과는 크다.

3단계: 암기 직후 바로 성과 평가를 했다.
⇒ 실험 성과를 보여 주는 TV 프로그램이었으므로 평가는 당연했다. 하지만 평가 자체가 달성 목표에 대한 동기 부여를 해 주고 긴장을 유지시켜 집중력을 높이는 효과가 있다. 또한 기억 강화에 영향이 큰 출력(기억 인출)기능을 활용할 수 있다. 테드식이 암기 직후 간이 평가를 하는 것과 유사하다.

성과 평가는 지도하는 분이 영어 단어를 발음하고 실험 참여자가 해석을 말하는 방식으로 했다. 참여자들 각자가 사용했던 기존 암기 방식에 비해 평균적으로 약 2배 정도 더 많은 단어를 외웠다. 테드식처럼 해석만 가리고 영어를 보면서 의미를 말하게 했다면 더 많이 맞혔을 것

영어 단어 암기의 천재가 되는 비법

으로 추정된다.

최종 평가 후 참여자들의 소감을 물었을 때, "시간을 제한하고 암기하니까 긴장감이 생겨서 암기가 더 잘되는 것 같다"라고 공통적으로 말했다. 단순한 조건 몇 가지가 성과를 향상했음을 알 수 있다.

100명 중 80~90명은 나보다 잘 외웠다

다른 영어 능력 평가 시험들도 비슷하지만 토익(TOEIC: 국제 비즈니스에 요구되는 기초적인 영어 커뮤니케이션 능력 측정 시험.) 시험의 특성상 단어 공부는 매우 중요하다. 단어의 의미만 정확히 알아도 정답을 고를 수 있는 문제가 많다. 독해와 듣기도 필수 단어들을 미리 암기한 상태에서 공부해야 단기간에 실력을 향상할 수 있다.

그래서 내가 토익 강의할 때 특별히 신경 썼던 사항 중 하나는, 내가 수강생들에게 배부했던 단어장에 있는 약 5,000개 정도의 기출 단어들을 되도록 빨리 암기하게 하는 것이었다. 그 목적을 달성하기 위해서는 내가 경험한 암기법을 가르쳐야 했다.

하지만 일반 회사를 다니다 그만두고 토익 강의를 처음 시작할 때는 뇌 과학에 대한 지식이 거의 없었다. 그 때문에 테드식 단어 암기법은 가르쳤지만 기억이 잘되는 원리에 대한 설명은 못 했다. 단지 효과가 있다는 말과 함께 실행 절차만 5분 정도에 걸쳐 알려 준 후, 3분 20단어 암기 훈련을 강제로 시켰다.

3분 암기 후에는 바로 평가하고, 수강생들 대다수가 외우지 못한 단어들은 1분 정도의 추가 시간에 완전히 암기시켰다. 기억이 잘되는 논리적 근거는 제시하지 못했지만, 누구든 3~4분 내에 새 단어 20개를 암기할 수 있다는 것을 직접 체험하게 한 것이다.

처음에는 눈과 입만 사용해서 '3분에 20단어가 암기될까?'라는 의구심 가득한 표정으로 시작해도, 거의 외워지는 것을 3분만 지나면 알게된다. 평균적인 성과는 항상 확실했다. 대부분의 수강생들이 3분 내에 제시된 단어의 15~20개 정도를 암기 했다. 편의상 100명을 대상으로 했다고 가정하면 약 80~90명은 내가 고교 시절 초기 연습할 때보다도 성과가 좋았다.

반복 쓰기 위주의 암기를 해 왔던 수강생들이 평균적으로 95% 정도는 되었다. 그런데 암기 직후 평가가 끝나면 대부분 멍하니 칠판을 잠시 쳐다본다. 예상과는 완전히 다르게 3분 내에 거의 20단어를 외웠을 뿐 아니라, 영어 단어를 보자마자 거의 자동으로 해석이 떠오를 정도의 기억 강도가 이상하게 느껴져서다.

평소에 쓰지 않고 눈으로만 보고 외운 경험이 있는 사람들도 있었다. 다만 빠른 암기 속도, 시간제한, 출력 방식 적용, 입 근육 사용 등 기억을 강화하는 다른 조건들을 적용하지 않아서, 고속 암기를 제대로 체험하지 못한 경우가 일반적이었다. 그 외에는 쓰지 않고 외운다는 것 자체를 생각해 보지 않은 사람들이었다.

순간 암기 체험은 했지만 그렇게 암기한 단어들이 얼마나 오래 기억으로 유지될지 의구심을 갖는 사람들도 있었다. 그래서 의도적으로 3

일, 5일, 7일 등의 주기를 두고 확인시켜 주기도 했다. 보통 3~5일 경과 시점까지는 대부분의 단어들을 기억했다. 한 달 정도 지나면 많이 망각하지만 해석을 보여 주면 어렴풋이라도 기억을 해냈다. 훈련용 단어 자료를 의도적으로 내 컴퓨터에만 저장해 놓기 때문에 반복 학습을 차단한 상태에서의 결과였다. 나중에 뇌 과학적 원리에 근거해 고속 암기의 효과 발생 이유를 설명할 수 있게 된 후에는 아래와 같은 절차로 체험을 시켰었다.

① 3분 20단어 암기가 가능한 뇌 과학적 원리 및 암기 방식을 설명한다. 그리고 반복해서 쓰며 외우는 것의 문제점도 분석해 준다.

② 수강생들이 모를 단어들만 미리 프레젠테이션 파일로 정리해서 영어철자만 칠판에 프로젝터로 비춘다. 그리고 아는 단어들이 있는지 문의 후 있으면 다른 단어로 변경한다.

③ 모르는 단어 20개가 선정되면 해석을 보여준 후 3분간 암기시킨다. 그다음 해석을 사라지게 하고 영어만 보여 주며 해석을 말하라고 하는 방식으로 평가를 한다.

④ 평가 후, 암기가 안 되었거나 불확실한 것으로 확인된 단어들은 1분 정도의 시간에 보충 암기를 시킨다.

⑤ 수업별 일정에 따라 다르지만 3일, 5일, 7일 정도의 단위로 각 시점별 기억 상태를 점검한다. 점검할 때는 영어 단어만 비추고 해석을 말

영어 단어 암기의 천재가 되는 비법

하라고 한다. 틀려도 해석을 가르쳐 주지 않고 넘어간다. 그래야 시간
경과에 따른 망각 변화 측정이 가능하기 때문이다.

나중에 결과를 보면 평균적으로 3~4일까지는 70~90% 정도의 단
어들을 기억했다. 전부 기억하는 사람들도 꽤 많았다. 5~6일이 되면
50~60% 기억한다. 6~7일이 되면 30~50% 정도 기억한다. 수강생들도
그 결과에 신기해한다. 잠깐 외웠음에도 예상과 달리 오랜 기간 많이
기억하고 있기 때문이다. 반복 쓰기로 그 수준의 기억은 힘들다는 것
을 스스로 안다. 한 달 정도 되는 시점에 수강생들의 기억상태를 점검
한 경우도 있었는데 평균적으로 몇 개씩은 기억했다.

그런 성과가 나왔던 이유는 무엇일까? 뇌 과학을 공부하고 나서야
알게 되었지만 테드식 단어 암기법이 뇌를 강하게 자극하는 방식으로
되어 있어서다. 3분 고속 집중 암기, 순환 반복 암기, 즉시 평가, 평가
직후 1분 보충 학습 등 단순한 장치들이 그런 역할을 한다.

• 진도 못 나가는 쳇바퀴 돌기에서 벗어난 수강생들

새로 토익 수업을 개강하고 테드식 단어 암기 훈련을 시키고 나면 수
업 후 찾아오는 수강생들이 종종 있었다. 수백 페이지의 두꺼운 토익
단어 책 학습 진도가 나가지 않았던 이유에 대해 문제의식을 느끼게 되
면서 구체적인 조언을 받기 위해서다.

어떻게 암기해 왔는지 물어보면 연습장에 여러 번 반복해 써 가며 천

천히 외웠다고들 말한다. 실제 표제어라고 불리는 필수 단어들은 얼마 되지도 않는데, **책 전체 분량의 1/3 정도 되는 사이를 몇 개월째 다람쥐 쳇바퀴 돌 듯하고 있는 경우가 많았다.**

본인들이 직접 찾아와서 자세한 설명을 듣고 간 수강생들은 만족할 만한 성과를 거둔다. 1~2주 내에 밝은 표정으로 나에게 와서 달라진 상황을 기쁘게 얘기한다. 그 전과는 비교가 안 될 정도로 진도가 빨라지기 때문이다. 나에게 별도로 조언을 구할 정도면 절박한 상황에 있는 경우들이었다. 단기간에 토익 목표 점수를 획득해야 하는데도 단어의 문턱에서 힘들어하고 있는 사람들이었다. 성과는 항상 확실했다.

공부 과정을 자세히 물어보면 시간과 단어 수를 별도로 제한하지 않고 외우는 경우도 많았다. 내가 가르친 방식을 일정 기간 그대로 따라 하면 좋은데 혼자 하면서는 습관화가 쉽지 않은 듯했다. 하지만 수업에서의 3분 20단어 암기 훈련을 통해, 암기가 잘되는 원리와 눈과 입만 사용해 외우는 것이 가능하다는 것을 깨달은 것만으로도 만족할 만한 성과들을 거뒀다. 시간제한은 안 했더라도, 눈과 입만 사용해 단어들을 빠르게 자주 반복해서 보는 것은 공통적으로 실행했기 때문이다. 그렇게만 해도 쓰기 위주로 외울 때에 비해 비교할 수 없을 정도의 차이를 발생시킨다.

• 회사 동료들에게도 테드식 암기법은 통했다

토익 강의 전에 일반 회사에 오래 근무했었다. 영어를 사용하는 수출

영어 단어 암기의 천재가 되는 비법

입 업무도 담당 했었는데, 회사 동료들이 단어 공부 방식에 대해 묻는 경우가 있었다. 그러면 업무 후나 점심시간에 회사 회의실로 이동해 짧게 체험시켰다.

모르는 단어들만 20개 선별해 화이트보드(칠판)에 적고 간략히 암기 절차만 설명 후, 3분 내 암기를 시켰다. 3분 경과하면 해석을 지우고 평가했다. 평가 결과에 근거해 3분 내 암기가 확실히 되지 않은 단어들에 대해서는 1분의 추가 시간 동안 완벽히 재암기를 시켰다.

일단 3분 경과 후 즉시 평가하면 거의 공통적으로 예상 밖의 결과에 어리둥절해한다. 항상 보는 모습이지만 칠판만 잠시 뚫어지게 보면서 눈만 깜박이는 경우가 일반적이다. 첫 시도임에도 본인들의 기존 관념을 깨는 성과가 나와서다.

체험하기 전에는 3분 약 20단어 암기가 가능하다는 내 말에 언제나 경험하듯 대부분 빙긋(?) 웃는다. 안 될 것이라는 무언의 생각들이 느껴진다. 그런 선입견은 암기 시간 3~4분을 포함해 회의실 이동 후 10분 내에 깨진다. 체험 후 가르쳐 준 방식으로 단어 공부를 지속한 사람들은, 단어 책 학습 진도가 현저히 빨라지고 단어 암기가 쉬워졌다는 얘기를 공통적으로 했다.

• 외국어 전문가들이 더 확실한 반응을 보였다

이 책 저술을 준비하면서 어학 관련 일을 했거나 현재 하고 계시는 두 분의 지인들을 찾아가서 암기법을 직접 체험시켰다. 날카로운 전문가들의 객관적 의견을 듣고 싶어서다. 두 분 다 외국어 실력이 뛰어나고 평소 사용하시는 분들이었음에도 '반복 쓰기' 방식으로 단어 암기를 해 왔었다.

뇌 과학과 테드식 단어 암기법의 관련성 및 외우는 절차를 설명 후에 3분 20단어 암기를 체험시켰다. 미리 준비한 단어들을 노트북으로 보여 주며 실시했다. 난이도를 높이기 위해 발음 기호도 일부로 표시하지 않았고 의학 용어들을 포함한 어려운 단어들로 선별했다.

하지만 어학 실력을 갖춘 분들이라 평균 3~5단어 정도는 이미 알고 있었다. 나머지 단어들로만 시도했는데 두 분 모두 3분 15개 정도를 암기했다. 20단어를 암기한 것은 아님에도 그 결과에 놀라워했다. 순간 기억 강도가 확실해 효과에 대해 의심의 여지가 없어지기 때문이다. 어학실력이 낮은 경우는 오히려 다른 의문들을 가지지만, 외국어 실력 있는 전문가들은 단 한 번의 체험으로도 테드식 암기법의 남다른 효력을 파악하는 것을 느꼈다.

흥미로웠던 점은, 토익 수강생, 회사 동료, 어학 전문성 있는 지인들 및 나 개인 사이의 암기 성과에 큰 차이가 없었다는 사실이다. 개인 역량보다는 암기 방식이 중요함을 거듭 확인할 수 있었다. 3분에 15~20 단어 암기할 수 있을 때까지 걸리는 시간 차도 거의 없었다. 1~3회 시도로 대부분 도달한다.

03

4일 만에 끝낸 33,000단어 책 복습

고등학교 졸업 후, 처음으로 테드식 단어 암기법으로 영어 단어를 단기간 많이 외운 때는 대학교 3학년 말쯤이다. 《Webster Vocabulary 33,000》(김동목 저, 고려원 출판)이라는 제목의 어원 중심 단어 책에 있는 어휘들을 몇 주 내에 거의 다 암기했었다.

영문학과에 입학은 했지만 동아리 활동이나 다른 일 때문에 거의 3년 정도 영어를 포기한 상태였다. 영문과 전공 과목에 대한 이해가 거의 없이 지원해서 들어온 이유도 있었다. 기대했던 시사나 실용 영어 과목은 적은 대신, 문학소설, 옛날 영시, 통사론 등 나와 맞지 않은 과목들이 많아 흥미를 완전히 잃었었다.

실제 1, 2학년 때 수업 자체를 들어가지 않아 F 학점이 너무 많았다. 졸업할 때까지도 사정상 보완을 못해서 4.5점 만점에 4년 전체 평균 2점대로 졸업했다. 내가 영문학과 학생임에도 공부를 전혀 안 하는 것을 알고, 친한 학교 동료들이 장난으로 영어로 말해 보라고 하면 'I am Tom'이라고 자주 해서, 별명을 'Tom'이라 부르는 사람들도 있을 정도로 영어에서 멀어졌다.

오랜 기간 영어 공부에서 손을 완전히 놓았던 것 때문에 황당한 사건도 겪었다. 휴학했다가 복학 후 수업에 들어가기 시작할 때쯤 '영어 소설' 수업을 들었다. 그때 가르치시던 교수님이 돌아가면서 학생들에게 책을 읽히셨다. 어쩌다 내가 선택이 되었는데 말을 배우는 아이처럼 영어를 더듬거리며 읽어서 나도 깜짝 놀랐다. 헛웃음이 나올 정도였다.

강의실에 있던 같은 과 사람들이 나를 바라보며 의아해했던 표정들도 아직 기억에 생생하다. 대학 입학 후 몇 년간 영어 문장들을 입으로 소리 내며 읽어 본 적이 없었던 것이다. 눈으로만 어쩌다 봤던 것 같다. 중학교 1학년 때 오히려 더 잘 읽었었다.

3학년 2학기쯤 되자 어쩔 수 없이 취업 준비를 시작했다. 낮은 학점을 보완하기 위해 영어 능력 구비가 필요했다. 그때 토익, 토플 서적과 함께 구매한 단어 책이 《Webster Vocabulary 33,000》이다. 어원 위주로 저술된 책이므로 어원은 유심히 봤지만 단어 암기 자체는 고교 시절 체득한 테드식 단어 암기법을 사용했다.

이때는 3분 20단어 암기 기준처럼 시간과 단어 수를 구분하고 외우지는 않았다. 그냥 아주 빠른 속도로 눈과 입을 사용해 한 페이지씩 외웠다. 암기 후에는 해석을 가리고 영어만 보면서 기억해 내는 간이 평가를 했다.

그리고 다른 날 새로운 페이지의 단어를 암기하기 전에는 직전까지 암기한 내용들을 초고속으로 복습했다. 가볍게 소설 읽듯이 아주 빠르게 속독하면서 누적 학습했다. 이미 암기가 완벽해진 단어들은 건너뛰

영어 단어 암기의 천재가 되는 비법

며 시간을 절약했다. 그런 방식으로 단기에 암기를 완료했다. 일수는 정확히 기억나지 않지만 2~3주간 공부했던 것 같다. 100%는 아니었지만 거의 다 외웠다.

나중에 뇌 과학 공부를 하면서 '습관'도 뇌에 신경망으로 저장된 강력한 장기 기억이라는 것을 알았지만 그때는 그런 개념이 없었다. 그래서 몇 년이 흘렀음에도 불구하고 고교 시절 사용했던 테드식 단어 암기법이 자연스럽게 적용되고, 유사한 암기 성과까지 거둔 것에 대해 나 스스로 신기했었다.

단어 책 제목에 '22,000, 33,000'이라고 적혀 있어도 막상 책을 펴서 대충 세어 보면 그 숫자보다 훨씬 적다. 관련 서적을 공부하면 학습자가 이미 알고 있는 단어까지 포함해 그 정도 개수를 외우게 된다는 취지의 제목들이다. 따라서 33,000개의 새 단어들을 암기한 것은 아니다.

• 33,000단어 책을 4일 만에 복습 완료했다

대학 졸업 후 몇 년간 회사를 다니다가 퇴사하고 모 자격증 공부를 하면서 다시 그 책을 보았다. 그때 다니던 집 근처 대학 도서관 바로 옆자리에서 같은 시험을 공부했던 친구가 있었다. 내가 책을 가져온 후 틈틈이 보면서도 4일 만에 암기 완료했다고 책을 덮자, 그 친구가 어이없어 하며 웃었다. 책을 가져와 공부 시작한 날부터 끝났다고 한날까지의 과정을 직접 목격했기 때문이다. 얼마 전에도 만났는데 십여 년 전의 그 사건(?)을 아직도 기억하고 있었다. 충격을 받았던 것 같다.

사실 대학교 때 외웠던 단어들 중 많은 부분이 희미하게라도 기억에 남아 있었다. 테드식 암기법으로 고속 암기가 가능한데다가 이전 기억의 도움을 받아 여유 있게 공부를 한 것이었다. 테드식 암기법으로 외운 단어들의 기억이 오래 유지된다는 것을 그때 다시 깨달았다.

시험 일자가 가까워졌을 때 그 책을 봤었기 때문에 나는 4일 학습으로 단어 공부를 마무리 지었다. 그렇지만 관련 시험의 영어 과목은 거의 다 맞았다. 물론 문법 공부는 별도로 며칠 더 했다.

영어 과목이 필수인 시험들이 많다. 그리고 영어 시험에서 단어가 점수에 미치는 영향은 대부분 크다. 그래서 함께 어울려 이런저런 시험을 공부하던 사람들도 나와 유사한 단어 책들로 열심히 학습했다. 그렇지만 대다수가 몇 개월에 걸쳐 공부하면서도 영어 과목으로 인한 과락 걱정 때문에 힘들어들 했다. 나를 제외하고는 반복 쓰기 방식으로 장기간 공부했다. 따라서 암기 성과가 원하는 만큼 나오기 힘들었을 것이다.

그 당시에 내 암기 방식을 간혹 알려 주는 경우도 있었지만, 내가 직접 체험시켜 주는 경우를 제외하고는 내 말만 듣고 따라 했던 사람들에 대한 기억은 없다. 뇌 과학에 근거한 설득력 있는 논리를 구비했던 때가 아니었다. 그래서 실행 방법만 가르쳐 준 후에 반응이 시원치 않으면 그냥 넘어갔었다.

영어 단어 암기의 천재가 되는 비법

04

토플, 토익, 공무원, GRE, 텝스 다 똑같다

테드식 단어 암기법은 단어 종류 및 난이도에 상관없이 적용할 수 있다. 토익은 시험 목적으로, 텝스, 토플, GRE, 공무원 수험용 단어들은 암기법을 테스트하기 위해 토익 강의할 시기에 의도적으로 외워 봤다.

사실 《33,000 Vocabulary》에 있는 단어들과 많이 겹치고, 각 분야별로도 단어들이 서로 중복되어 암기 시간이 오래 걸리지는 않았다. 테드식 단어 암기법을 이용해 몇 시간만 집중하면 각 분야별 단어 책 한 권을 거의 외울 수 있었다.

두꺼운 단어 책 한 권을 제대로 외우면 시험 분야가 달라도 단어들이 상당 부분 중복된다는 것을 깨닫게 된다. 33,000단어 책을 열심히 공부했는데도, 토익이나 GRE 관련 어휘 서적을 보면서 생소한 단어들이 너무 많다고 느껴지면, 처음 공부한 단어 책을 확실히 암기하지 못했을 가능성이 높다.

• **어떤 분야건 단어 책은 한 권이다**

어떤 수험 분야건 필수 영어 단어들은 책 한 권 분량이다. 전문가들이 최소 수개월에서 수년간의 분석을 거쳐 잘 정리해 놓은 것을 골라서 확실히 외우면 된다.

독해를 하며 단어장을 별도로 만들 필요도 없다. 관련 분야 단어 책에 있는 것들을 중복 정리하게 되는 경우가 대부분일 것이다. 필수 단어를 한꺼번에 미리 외우면 자연스레 해결된다. 차라리 단어장 만들 시간을 단어 암기에 투자해야 한다.

독해 공부할 때 암기한 단어 책에 없던 어휘가 나오더라도, 단어장을 만들지 말고 책에 표시해 두는 것이 좋다. 그 수가 적을 것이므로 부담되지 않을 것이다. 나중에 독해 책을 빠르게 넘겨 가며 표시한 단어들만 점검하면 편하다.

05

내가 10개국어를 할 수 있게 된 이유는?

테드식 단어 암기법을 10개 외국어에 적용해 본 결과 비슷한 성과가 나왔다. 영어 외에 중국어, 일본어, 이탈리아어, 스페인어, 독일어, 인도네시아어, 프랑스어, 베트남어, 러시아어 단어 암기를 해 봤다.

문자(자음과 모음 등)를 익히고 단어를 어느 정도 편하게 읽을 수 있을 때까지 걸리는 시간은 언어별로 차이가 있었다. 하지만 문자와 단어만 자신감 있게 읽을 수 있는 단계가 되면, 3분 20단어 기준의 암기 성과 차이는 거의 없었다. 외국어의 종류에 상관없이 적용할 수 있는 암기법임을 반복 확인할 수 있었다.

고교 시절 고속 암기를 처음 시작했을 때 이미 단어를 읽을 수 있어서 큰 부담이 없었던 영어와 달리, 다른 외국어들은 테드식 암기 시작 전에 단어 읽는 것에 우선 익숙해져야 했다. 그래서 각 언어들의 문자와 발음 특징을 공부한 후에는, 종이 사전이나 단어 책에 있는 어휘들을 암기는 하지 않고 빠르게 많이 읽어 보기만 하는 방식으로 읽는 연습을 했다. 그렇게 하면 어떤 언어든 1~3일 내에는, 고속 암기를 위해 요구되는 수준의 읽기 능력을 갖출 수 있었다.

취업과 회사 업무상 필요해 일본어, 중국어, 이탈리아어, 인도네시아어를 공부했었다. 스페인어, 베트남어, 프랑스어, 러시아어 및 고교 시절에 배웠던 독일어 단어는 책 저술 준비를 하면서 암기법 테스트를 위해 일부러 외워 보고, 회화도 기초 생활 회화 수준으로 조금씩 공부했다. 모든 언어들을 깊이 있게 학습한 것은 아니지만 어쩌다 보니 10개 외국어 회화가 가능하게 된 것이다. 단, 10개 외국어 전부를 유창하게 구사하는 것은 아니다.

비즈니스 협상 및 계약서 작성까지 가능한 수준으로 공부했던 외국어는 영어, 일어, 중국어뿐이다. **한 외국어를 국제 비즈니스 협상 및 계약서 등 중요 문서 작성이 가능한 수준으로 구사하려면 어휘, 회화, 듣기, 작문, 문법, 배경 지식까지 포괄하는 깊이 있는 공부가 필요하다. 언어별로 몇 개월 이상은 집중 학습해야 한다.** 반면에 특정 외국어를 기본 생활 회화가 가능한 단계까지 익히는 것은 요령만 알면 어렵지 않다. 즉, 특정 외국어 회화를 할 줄 아는 것과 고급 수준으로 구사하는 것은 완전히 다르다. 나의 경우 1~3일 집중하면 처음 배우는 외국어의 기초용 회화 책 한 권을 학습 완료 후, 관련 내용 대부분을 회화로 표현할 수 있었다. 이태리어와 인도네시아어는 그런 식으로 공부해서 원어민들과 업무 관련 대화를 할 때 유용하게 사용했었다. 그러나 학습한 모든 외국어들을 고급 수준까지 깊이 있게 공부하지는 않았다. 그럴 필요가 없었다.

테드식 암기법을 적용해 본 10개 외국어의 경우, 단어만 보고 해석을

영어 단어 암기의 천재가 되는 비법

떠올리는 수준으로 하루 종일 공부하면 1,000단어 이상도 암기할 수 있었기 때문에 어휘는 문제되지 않았다. 눈과 입만 사용해 빠른 속도로 반복해 보며 일부 언어들은 하루 1,000단어 이상씩 의도적으로 외워 보았는데, 체력적으로 피곤한 것 외에는 장애물이 없었다. **회화의 경우도 언어의 종류에 상관없이, 하루면 일상생활 관련 간단한 내용의 기초 회화 책 한 권은 거의 다 외우고 혼자 연습해서 구사할 수 있었다.**

대학 시절 해외 어학연수를 가거나 영어회화 학원 다닐 사정이 아니었다. 혼자 회화 연습하다가 점검 차원에서 1~2달 다녔던 것 같다. 더군다나 전공이 영문학임에도 회화 공부를 3학년이 되어서야 시작했고, F 학점도 너무 많아 뒤늦게 일부 보완 하느라 졸업할 때까지 공부 시간도 부족했다. 그래서 혼자 빨리 회화 실력을 기르는 방식을 고민하다 효율적 방식을 발견했는데, 외국어의 종류에 상관없이 통했다.

나는 길을 걸으며 외국어로 사물을 묘사하거나, 외국 드라마나 뉴스에 나오는 표현을 이용해 자유롭게 회화를 만들거나, 상대편이 있다고 가정하고 말을 하는 등의 방식으로 혼자 연습한다. 도서관처럼 조용한 장소에 있을 때는 소리 내지 않고 입 근육만 움직이며 말해 본다. 일반 회사 다닐 때는 회의 시간에 발표자가 하는 말을 생각으로만 외국어로 전환해 보기도 했다. 그렇게 해도 회화 실력은 향상되었다.

말을 일단 시작한 후에는 문법에 신경 쓰지 않고 아는 단어들을 조합해 자유롭게 표현을 해 본다. 문법을 지나치게 의식하거나, 유창한 표현에 집착하거나, 한국말과 일대일로 대응되는 단어만을 생각하면 말문이 막힌다. 100단어만 알아도 1,000문장을 만들 수 있으려면 창조적으로 생각하고 두려움 없이 표현할 필요가 있다.

내 경험에 근거하면, 한 가지 외국어 회화를 효율적으로 쉽게 정복한 사람이 다른 외국어를 추가로 공부할 때 가장 문제가 되는 것은 어휘다. 기초적인 문법과 회화를 익히는 것은 생각보다 쉽다. 따라서 필요한 단어만 빨리 외우면 가장 큰 관문은 넘게 된다.

내가 10개 국어를 구사할 수 있는 바탕이 된 '여러 외국어들에 대한 고속 단어 암기' 진행 경험을 아래에 간략히 정리했다. 뇌를 자극하는 효율적인 암기법은 외국어 종류에 상관없이 통한다는 것을 이해하는 데 도움이 될 것이라 생각한다.

• 로마자 계열 외국어 단어 3분 20개 암기 테스트

영어는 발음 기호 35개 정도만 알면 정확하지 않더라도 대충 읽을 수 있고 쓰지 않아도 철자가 외워진다. 발음 기호를 보지 않고 대충 읽어도 자신감 있게 하면 단어 암기는 잘된다. 영어와 같은 로마자 계열의 문자를 쓰는 스페인어, 이탈리아어, 프랑스어, 독일어, 베트남어, 인도네시아어 등도 마찬가지다.

스페인어, 이탈리아어, 프랑스어, 독일어의 경우는 언어별로 평균 1~3일 정도의 기간 동안 문자와 단어 읽는 법을 먼저 익혔다(독일어는 고교 시절 제2외국어로 배워서 다른 언어들보다 쉬웠다). 문자 읽는 법을 먼저 배운 후에, 한글로 발음이 표시된 단어 책의 어휘들을 암기하지는 않고 가능한 한 많이 읽기만 하면서 철자와 발음 간의 규칙을 이해하고 읽기에 편해지도록 노력했다. 그다음 테드식 3분 20단어 고속 암기를 바로 실행했다.

사전 준비 과정이 며칠 안 됐음에도 불구하고, 스페인어, 이탈리아어, 프랑스어 및 독일어의 단어들을 암기 직후 바로 평가했을 때의 결과는 영어 단어 암기할 때와 큰 차이 없었다. 1~3개 정도 빼고 기억이 났다(단어를 보고 해석을 떠올리는 수준을 말한다). 각 언어들이 예외적인 발음 규칙들을 가지고는 있지만 영어와 달리 문자당 발음이 거의 하나씩이다. 따라서 한 모음이 너무 다양한 발음을 나타내는 영어보다는 오히려 읽기 편했다. 다만, 프랑스어의 경우 단어의 끝이 묵음이 되기 때문에 다소 읽기 어려웠으나 외우는 도중에는 크게 신경 쓰지 않았다.

암기에 가장 큰 영향을 준 요소는 단어를 읽을 때의 자신감과 효율적 암기법(테드식 단어 암기법)이었다. 더욱이 영어와 마찬가지로 라틴어의 영향을 받았고 영어와의 교류도 있었기 때문에 어원이 유사한 단어들도 많았다. 그래서 기존 영어 단어 기억의 도움도 받을 수 있었다.

베트남어는 영어 알파벳과 차이가 있는 문자가 몇 개 있기는 하지만 영어처럼 라틴어에서 유래된 로마자를 기본으로 사용한다. 그래서 하루 정도만 예외적인 발음 공부 및 단어 읽는 연습을 한 후, 테드식 3분 20단어 암기를 해 보았다. 문자만 로마자를 사용했을 뿐 중국어의 영향을 오래 받았고 실제 사용했었던 역사 때문인지, 이미 알고 있는 한자와 유사 발음의 단어들이 상상 이상으로 많았다. 중국어를 잘하는 사람들은 나와 비슷하게 느낄 것이다. 그래서 암기가 그다지 어렵지 않았다. 베트남어는 한자 문화권에 속한다. 베트남어 단어의 60% 이상이 한자에서 유래되었다고 한다.

베트남어는 중국어의 영향 때문인지 중국어처럼 성조도 있다. 중국어는 성조가 4개지만 베트남어는 6개다. 하지만 중국어를 처음 배웠을 때처럼 성조에 신경 쓰지 않고 단어를 외웠다. 성조를 쉽게 익히기 위해서는, 단어를 대략 외운 후에 원어민의 목소리로 녹음된 듣기 파일이나 동영상을 이용해, 입에 익을 때까지 똑같이 따라 하는 것이 좋다. 단어마다 서로 다른 성조를 일일이 외우고 말할 때마다 의식한다는 것 자체가 비상식적이다. 원어민들도 어렸을 때부터 듣고 따라 하며 단어의 소리를 자연스럽게 익힌 것이다.

인도네시아어는 구조상 베트남어보다 훨씬 읽기 쉬웠다. 로마자를 문자로 사용하면서도 영어와 달리 모음의 발음이 'e'를 제외하고는 하나씩이어서 가장 배우기 쉬운 언어 중에 하나라고 생각한다. 자음도 예외적인 발음이 거의 없다. 그 때문에 문자나 발음을 별도로 공부할 필요가 없어서 바로 고속 암기를 할 수 있었다.

단, 베트남어와 인도네시아어는 영어 알파벳만 차용했을 뿐 단어 어원이 라틴어의 영향을 받지 않았고 외래어를 제외하고는 영어 단어로부터 파생된 어휘의 흔적도 거의 없었다. 그래서 스페인어, 이탈리아어, 프랑스어, 독일어 단어 암기할 때와 달리 유사 영어 단어에 대한 기억을 이용할 수 없었다. 그 때문인지 인도네시아어와 베트남어 단어를 처음 3분 20개 암기 시도할 때는 3~5개 사이의 못 외운 단어들이 나왔다. 라틴어 계열 언어들의 단어 암기 후 평가 시 평균적으로 1~3개 틀린 것에 비해 많았다. 그러나 몇 차례 시도 후에는 암기가 불완전한 단어 수가 1~3개 사이로 줄었다.

• 러시아어 단어 3분 20개 암기 테스트

러시아어 문자 33개(모음 10개, 자음 21개, 경음 2개)를 처음 외울 때에도 테드식 단어 암기법을 응용했다. 쓰지 않고 빨리 반복해 보고 읽으며 문자 모양과 소리를 대략 먼저 외웠다. 그러고 나서 문자를 가볍게 써 보았다. 덕분에 10분 정도의 시간 만에 문자를 읽을 수 있게 되었다.

그러나 문자가 결합된 단어를 읽는 것은 다른 외국어들에 비해 어려웠다. 러시아어는 영어와 같은 라틴어의 로마자 계열이 아니고 '키릴문자'라는 것을 사용하는데, 한글이나 스페인어처럼 문자가 바로 발음 기호이긴 하지만 예외적인 발음이 상대적으로 많다. 또한 모음은 강세가 있는지 여부에 따라, 자음은 단어 내에서의 위치에 따라 발음이 달라진다. 단어 길이도 영어와 비교해 평균적으로 길다. 그나마 다행인 점은 모음 하나당 발음이 영어처럼 다양하지는 않다는 것이다.

러시아어는 다른 외국어들에 비해 읽는 데 익숙해지기까지의 시간이 오래 걸렸다. 다른 외국어들은 처음 보는 경우에도 단어 읽는 연습에 하루 정도 집중투자 하면 충분했는데, 러시아어는 3일 정도 필요했다. 한글로 적어 놓은 발음과 함께 보는데도 1~2일 동안에는 철자가 눈에 쉽게 들어오지 않았다.

새로운 외국어 단어를 고속 암기하기 전에는 항상 그랬듯이, 러시아어도 해석은 보지 않고 단어들만 가능한 한 빨리, 많이, 반복해 읽으면서 발음 규칙과 철자에 익숙해지려 노력했다. 또한 예외적인 발음을 가진 단어들 때문에 암기 속도가 떨어지는 것을 방지하기 위해, 한글로 발음을 적어 놓은 단어 책을 사용해 외웠다.

읽는 연습이 부족한 상태에서 3분 20단어 암기를 처음 몇 차례 시도했을 때는, 읽는 것에 대한 부담 때문에 암기 성과가 좋지 않았다. 그러나 단어 읽는 것을 3일간 연습하고 난 후에는 평균 2~4개 정도 틀렸다. 암기 성과에 영향을 미친 핵심 요인은 다른 외국어들과 마찬가지로 문자를 읽는 것에 대한 익숙함과 효율적 암기 방식이었다.

사람들이 간과하기 쉬운 것이 읽는 능력과 단어 암기와의 관계다. 자신감 있게 읽지 못하면 어떤 암기법을 사용하든 효과가 거의 없다고 나는 판단한다. 고교 시절 최초로 영어 단어 고속 암기 시작할 시점의 경험을 통해 이미 알고 있었지만 읽기가 비교적 어려웠던 러시아어 단어를 처음 암기할 때 절실히 느꼈다.

러시아어는 필수 어휘 3,300개가 실린 단어 책을 3일 정도의 기간에 걸쳐 눈과 입을 사용해 반복해 보며 거의 다 외워 버렸다. 지나치게 복잡하거나 잘 사용하지 않는 단어들만 배제했다. 내 경험에 따르면, 철자를 읽기 어려운 언어일수록 그렇지 않은 언어들보다 더 단기간에 많은 단어들을 암기하는 공부 방식이 효율적이다. 어렵다고 천천히 하면 공부에 투자되는 총 시간은 증가하면서도 공부 성과는 나오지 않는 악순환을 겪게 된다.

· 중국어와 일본어 단어 암기

중국어는 처음 보는 단어를 한자(간체, 번체)만 보고 읽을 수 없으므로 로마자를 사용한 발음 기호('병음'이라 한다.)와 함께 보며 외웠다. 일본어는 히라가나, 가타카나를 먼저 외운 후, 한자는 히라가나와 가타카나로 표시된 발음 기호('후리가나'라고 부른다.)와 같이 보면서 암기했다.

한편으로 중한사전과 일한사전의 단어들을 해석은 보지 않고 많이 읽으면서 철자와 발음의 관련성을 파악하려고도 노력했다. 모양과 의미는 다르더라도 우리말로 읽을 때 소리가 같은 한자들은, 중국말이나 일본말로도 일정하게 발음되는데, 많은 단어들을 읽어 보면서 그 감각을 빨리 터득할 수 있었다.

중국어와 일어 단어는 3분 20단어 기준으로 암기하지 않았다. 읽는 것에 익숙해지기 전까지 로마자 계열 언어에 비해 시간이 좀 걸렸을 뿐이지, 아는 한자가 많아서 동일 시간에 영어 단어보다 더 많이 외울 수 있었다. 문자와 발음 기호를 동시에 봐야 하는 복잡함은 있었어도 어차피 문자 모양, 발음, 의미를 외우는 것이어서 마치 영어 단어 외우듯이 했다.

중국어와 일본어 한자도 거의 쓰지 않고 1차 암기 후 나중에 가볍게 휘갈겨 쓰기를 했다. 단어를 구성하는 자음과 모음을 읽을 수 있으면 소리만 듣고도 글을 대략이라도 쓸 수 있는 언어들(표음문자라 한다.)과 달리, 한자는 각 단어의 소리를 별도로 외워야 한다(표의문자라 한다). 그럼에도 불구하고 한자도 해석과 같이 외우면 글자가 의미 있게 인식되어, 쓰지 않아도 대략 암기된다는 것을 공부하면서 깨달았다.

중고교 시절 한자가 많이 나왔던 옛날 무협지(?)를 즐겨 봐서 한자에는 좀 익숙한 편이다. 그래서인지 중국어와 일본어 단어 암기는 영어보다 오히려 편했다. 중국어는 성조가 있지만 단어 외우는 도중에는 신경 쓰지 않았다. 성조 표시에 맞춰 읽었을 뿐이다.

성조는 나중에 중국 TV 방송 등을 보며 원어민의 말을 똑 같이 따라하는 방식 위주로 자연스럽게 익혔다. 일반 회사 다닐 때 업무 때문에 원어민들과 대화를 해야 할 상황이 많았는데, 성조가 특별히 문제된 적은 없었다. 원어민들도 외우지 못하는 성조(원어민들에게 여러 차례 물어봤다.)를, 다른 나라 사람이 단어 외울 때마다 기억하려고 하면 단어 암기 자체가 힘들어진다. 시간 있을 때, 생활에 자주 쓰이는 아주 기초적인 단어들부터 녹음 파일 등을 이용해 원어민의 표준 발음을 직접 듣고 자주 따라 하면서 자연스럽게 입과 귀로 익혀 가면 된다.

단어들의 성조를 사전에서 일일이 확인 후, 중국인들 몇 명 앞에서 성조에 정확히 맞춰 또박또박 특정 문장을 말해 본 적이 있는데, 다들 웃었다. 듣기 어색하다고 했다.

성조를 공부했어도 의식하지 말고 자연스럽게 말하는 것이 좋다. 혹여 일부 단어들을 성조에 전혀 맞지 않게 발음하더라도, 원어민들은 문맥에 근거해 단어와 의미를 파악한다. 중국 원어민들도 초등학교를 들어가면 병음을 익히고 성조를 연습하지만 성조를 일일이 외워서 사용하는 것은 아니다.

• 효율적 단어 암기 방식은 어떤 외국어든 통한다

테드식 단어 암기법이 특정 외국어에는 맞지 않을 수도 있다고 처음에 생각했었다. 하지만 특징이 서로 다른 외국어 단어들의 암기 시도 후에는 그런 우려가 없어졌다.

새로운 외국어 단어를 자신감 있게 읽을 수 있을 수준의 문자와 발음 공부는 당연히 해야 한다. 그러나 그 단계만 거쳤다면 테드식 단어 암기법 사용해 어떤 언어의 단어든 단기간에 쉽게 정복할 수 있다는 확신이 생겼다.

암기에 중요한 것은 단어를 자신감 있게 읽을 수 있는지의 여부와 '뇌를 자극하는 효율적 암기 방식'이었다.

일반적으로, 외국어 하나를 효율적으로 공부한 사람은 다른 언어도 비슷한 방식으로 쉽게 익힌다. 반면 어렵게 공부한 사람은 다른 외국어도 힘들게 배운다. 그래서 첫 외국어 공부할 때 좋은 학습 습관을 형성하는 것이 중요하다. 단어 암기도 마찬가지다.

다국어를 사용하는 가정환경에서 성장한 것도 아니고 해외에서 오래 체류하지 않았음에도, 3~4개의 외국어 구사를 하는 능력자 (polyglot라고 부른다.)들이 있다. 내 관점에서 보면 그들은 신기한 능력을 지니지 않았다. 어떤 언어에도 적용할 수 있는 효율적 공부 체계 (시스템)를 남들보다 더 잘 파악해서 열심히 학습한 사람들일 뿐이다.

• 미국 외교관들의 외국어 습득 기간 관련 연구

미국 외교관들에게 외국어를 교육시키는 미국 정부 산하 기관이 외국어 교육 관련 흥미로운 연구 결과를 공개했었다. 언어 간 역사적으로 상호 영향을 주고받은 정도 및 '단어를 얼마나 자신감 있게 읽을 수 있는지 여부'가, 새로운 외국어 습득 기간에 중대한 영향을 준다는 사실을 추정할 수 있는 내용이다.

내가 직접 10개 외국어의 단어를 암기해 본 경험과 토익 및 회화 강의 시 수강생들 대상으로 테스트한 결과도 유사했다. 특히, 테드식 고속 암기 실행에 가장 큰 장애가 되는 것은 '단어를 자신감 있게 읽는 능력'이었다. 암기법이 아무리 우수하다고 해도 읽는 능력이 너무 떨어지면 효과를 발휘하지 못한다. 단어에 뇌가 집중하지 못하므로 시각, 청각, 운동 기억 모두에 부정적 영향을 주게 된다.

따라서 읽는 것 자체가 너무 부담스럽거나 서툴다고 판단되면, 고속 암기 시작 전에 철자 읽는 연습에만 며칠간은 집중해야 한다. 발음

영어 단어 암기의 천재가 되는 비법

이 서툴거나 틀리는 것은 암기에 별 영향을 주지 않는다. 읽을 때 편안함을 느끼는 정도로 연습하면 충분하다. 새로운 외국어 공부를 시작할 경우 그런 점을 미리 인식하고 준비하면 학습 기간 단축에 큰 도움이 될 것이다.

연구 내용이 효율적 단어 암기에 대한 관점을 넓히는 데 도움이 된다고 생각되어 아래에 정리한다.

미국 외교관들에게 외국어를 학습시키는 'The Foreign Service Institute's School of Language Studies'란 미국 정부 산하 교육 기관에서, 외교관들을 대상으로 한, 수십 년간의 외국어 교육 경험에 근거해 분석 자료를 발표했다. 65개가 조금 넘는 수의 외국어들에 대한 학습 난이도를, 실제 걸린 학습시간 기준으로 총 네 개의 그룹으로 나눠서 정리한 자료이다. 1 그룹에 속한 언어들이 학습 난이도가 가장 낮고, 2 그룹, 3 그룹, 4 그룹으로 갈수록 난이도가 높아지는 것으로 분류했다.

분석 대상자들은 외국어를 배운 경험은 없되, 외국어 학습에 대한 적성(aptitude)이 평균 이상인 영어 원어민들(외교 관련 종사자들)이었다. 그들이 하루 3시간씩 매일 특정 외국어 수업을 받는다고 했을 때, 전문 업무 수행에 요구되는 능숙한 수준(Professional Working Proficiency)에 도달하기 위해 필요한 평균적인 누적 학습시간을 계산했다. 그 결과는 아래와 같다.

1 그룹(600~750시간 수업 필요): 스페인어, 프랑스어, 이탈리아어 외 6개 국어(총 9개 국어)

2 그룹(900시간 수업 필요): 독일어, 인도네시아어, 말레이시아어 외 2개 국어(총 5개 국어)

3 그룹(1,100시간 수업 필요): 러시아어, 베트남어, 터키어 외 45개 국어(총 48개 국어)

4 그룹(2,200시간 수업 필요): 아랍어, 한국어, 중국어(북경어, 광동어), 일본어(총 4개 국어)

자료를 보면 1~3 그룹은 총 학습시간이 점진적으로 늘어난다. 하지만 4 그룹(Super Hard Languages: 정말로 학습이 어려운 언어들)은 총 학습시간이 1 그룹에 비해 거의 3배고, 3 그룹에 비해서도 2배가 늘어난다.

나는 위의 분석 자료를 처음 봤을 때 언어 간 역사적 관련성 못지않게 '단어를 얼마나 자신 있게 읽을 수 있는지 여부가 외국어 학습 기간의 길고 짧음과 깊은 연관이 있다'는 생각이 즉시 머리에 떠올랐다. 읽을 때 망설이거나 철자가 낯설어 보이면 단어에 대한 집중력이 떨어져서 암기가 잘 안된다는 것을 알고 있어서다.

만약 분석에 포함된 대부분의 학습자들이, 종이 사전이나 단어 책을 이용해 새로운 외국어 읽는 법을 빨리 익히는 요령 및 고속 단어 암기 방식을 배워서 적용했다면, 위의 자료와 달리 그룹별 학습 시간의 차이가 조금밖에 나지 않았을 것이라고 생각한다.

65개가 조금 넘는 분석 대상 언어들 중, 내가 추려서 몇 개씩 대표로 위에 표시한 1~4 그룹 외국어들은, 내가 단어를 직접 암기해 보거나 특징을 조금씩이라도 공부해 본 적 있는 것들이다. 그들 기준으로만 보면, 영어처럼 고대 로마 언어인 라틴어의 영향을 많이 받았고, 라틴어 문자인 로마자를 사용하면서, 영어와 역사적으로 상호 교류가 있어서 어휘를 읽을 때 부담이 적은 언어들이 1 그룹인 것 같다.

반면에 2 그룹과 3 그룹 언어들로 갈수록 라틴어의 영향이나 영어와의 역사적 상호 교류가 적어진다(독일어는 1 그룹에 속해야 된다고 나는 생각하지만, 문법 측면에서 영어 원어민들이 어려움을 겪는 것 같다). 로마자를 사용하는 언어들도 성조나 독특한 철자 및 발음이 추가되는 등 변화가 많아져 읽기가 어려워진다.

3 그룹 언어들은 1~2 그룹에 비해 영어와의 연관성이 떨어지지만, 4 그룹에 비해서는 문자면에서 영어와 유사한 점이 조금씩 있다. 키릴 문자라는 것을 쓰는 3 그룹의 러시아어는 라틴어 문자를 일부 채용했기 때문에 영어 알파벳 일부가 단어에 섞여 있다. 베트남어도 성조(음의 높낮이)와 특이한 문자들이 있지만 로마자를 기본으로 사용한다. 터키어도 독특한 발음의 문자들이 일부 있지만 라틴어의 로마자 문자를 사용한다.

반면 4 그룹에는 한국어, 중국어, 일어, 아랍어밖에 없는데 문자들이 라틴어 및 로마자와 전혀 관련이 없다. 따라서 영어 원어민들이 읽으려면 문자 공부를 백지상태에서 새롭게 해야 한다. 문법적으로 중국어는 영어와 거의 유사함에도 4 그룹에 속한 것을 보면, 단어를 얼마나 편하게 읽을 수 있는지 여부가 외국어 학습에 중대한 영향을 준다는 것을 알 수 있다.

　다행히 영어는 일본어, 중국어, 아랍어, 러시아어, 베트남어 등에 비해 읽기 쉽다. 더욱이 현재 우리나라는 초등학교 때부터 의무 교육 과정으로 배우기 때문에, 중학교 1학년을 거치면 발음 기호 없이도 단어들을 대충 읽을 수 있다. 즉, 문자에 비교적 익숙하기 때문에 고속 단어 암기가 바로 가능하다.

06

고속 암기를 못 하는 사람들의 세 가지 유형

평균적인 중학생 이상의 영어 실력을 갖추고 있으면 고속 암기가 가능하다. 만약 테드식 암기법의 실행 절차에 따라 시도했는데도 성과가 없었다면, 미리 해결해야 할 다른 문제가 있는 것이다.

토익 강의할 때 고속 암기를 '아래의 순서(앞에서 몇 차례 언급한 3분 20단어 암기 훈련 방식이지만 중요하기 때문에 다시 정리한다.)'로 훈련시키면 바로 못 따라오는 일정한 유형의 수강생들이 있었다. 테드식 암기법을 적용해 단어를 외웠는데도 반복 쓰기 방식으로 했을 때와 결과에 큰 차이가 없었다면 그 범주에 들어갈 것이다.

① 어려운 단어 20개를 칠판에 프로젝터(영사기)로 비춘다. 사전에 프레젠테이션 자료로 미리 만들어 컴퓨터에 저장해 둔 것들이다. 그다음 수강생들이 아는 단어가 있는지 확인 후, 만약 있으면 예비용의 다른 단어로 바꾼다. 체험 효과 극대화를 위해서다.

② 내가 휴대폰의 스톱워치로 시간을 측정하면서 수강생들이 눈과 입만 사용해 3분 20단어를 순환 반복 암기하게 한다.

3장 검증과 응용 / 단어 암기 천재들은 단순하게 외운다　　　　　　181

③ 3분이 경과하면 암기를 무조건 중지시킨 후, 한글 해석이 제거되고 영어만 있는 자료로 전환한다.

④ 내가 영어 단어를 가리키면 해석을 말하게 하는 방식으로 평가한다.

⑤ 평가 결과 수강생의 20~30% 정도가 암기를 못 했거나 암기 상태가 불안한 단어가 나오면, 거의 모두가 해석을 즉시 자동으로 말할 수 있을 때까지 반복 암기시킨다. 고속 암기 습관화를 위해 추가 암기 시간은 1분을 넘기지 않는다.

위와 같은 절차로 암기 훈련을 시키면 입을 아예 다물고 있거나 어색하게 우물거리는 수강생들이 있었다. 개강하는 수업마다 다르지만 약 10% 이하가 평균적이었다. 강의실 앞에 있으면 명확히 보였다.

그런 수강생들은 암기법을 알려 준 후에도 반복 쓰기 방식을 버리지 못한다. 단어 시험을 위해 배부해 준 단어장으로 쉬는 시간 동안 공부할 때도 연습장에 열심히 쓰며 암기한다. 직접 문의나 관찰을 통한 검토 결과에 의하면 아래의 세 범주에 대부분 해당되었다.

첫 번째 유형: 단어 읽는 것 자체를 힘들어할 정도로 영어 기초가 부족한 경우다.

틀린 발음도 괜찮으니 자신감 있게 읽으라고 미리 강조했음에도 그렇게 할 수 없는 수강생들이었다. 사정상 영어 공부와 거리가 멀었던 운동선수 출신이거나 회사에서 특정 업무만 오래하면서 영어와 담을

영어 단어 암기의 천재가 되는 비법

쌓고 살았던 분 등 극히 적은 숫자였다.

이런 분들에게는 다른 공부는 잠시 접어 두고, 며칠간은 파닉스(phonics) 자료를 구해서 발음 기호와 철자 읽는 법 공부만 하라고 조언한다. 앞 단원에서 '미국 외교 종사들의 외국어별 학습 난이도 관련 분석 내용'을 소개하며 강조했듯이, 단어를 읽을 수 없으면 암기가 힘들다.

걸음마를 배우는 단계의 아이에게 뛰는 것을 알려 줘 봤자 소용없다. 마찬가지로 새 외국어를 공부할 때, 문자 읽는 법, 단어 읽는 법을 모르는데 단어를 외우겠다고 하면 이치에 맞지 않다.

두 번째 유형: 일반 사람들 대비 느리게 사고하는 습관이 강해서, 빠른 암기 속도에 적응하지 못하는 수강생들이다.

아주 드물게 있었다. 한 단어와 해석을 5회 이상 천천히 반복해 연습장에 쓰면서 외우는 방식이 본인들의 차분하고 느긋한 성격과 맞아 보이는 경우다. 나에게 성격상의 어려움을 직접 토로하기도 한다. 그런 경우 고속 암기 및 단기 누적 복습이 기억에 미치는 긍정적 효과를 활용하기 위해서는 즉시 개선해야 한다고 조언한다. 그런 특징을 가졌던 수강생들이 단기간의 연습을 통해 3분 20단어 암기에 익숙해지는 것을 반복 확인했기 때문이다. 단어는 빨리 암기해야 하는 입장이면서 행동은 반대로 하고 있는 것이다.

이해와 분석을 필요로 하는 수학이나 공학 관련 공부라면 괜찮겠지만 외국어 배울 때는 즉시 고쳐야 할 습관이다. 고속 단어 암기의 장점을 활용 못 하는 것만이 문제가 아니다. 듣기, 독해, 회화를 배울 때도 방해가 된다. 본인의 사고 속도에 원어민이나 시험이 맞춰 주겠는가? 학원에서 배울 때나 원어민 친구를 만난다면 몰라도, 실제 중요한 비즈니스에서 접하는 원어민들이나 각종 시험은 개인의 사고 속도에 맞추지 않는다.

자신이 평소 생각하는 속도보다 누군가 빠르게 말한다고 해도, 듣고 이해하는 데 별 문제가 없는 모국어의 관점을 가지고 외국어를 대하면 안 된다. 모국어에는 우리가 태아 때부터 장기간 노출되기 때문에 뇌가 자연스럽게 적응을 한 것이다.

원어민들이 표준 속도로 말할 때, 듣고, 번역하고, 정리 후 대화까지 하려면 상식적으로 원어민들보다도 좀 더 빨리 사고해야 한다. 따라서 자신의 성향과 맞지 않더라도 외국어 배울 때만큼은 읽고, 사고하고, 말하는 속도를 의도적으로 증가시켜야 한다. 그래야 실력이 빨리 향상된다.

세 번째 유형: 체험 방식으로 접근했기 때문에 효과에 대해 의심하며 아예 마음의 문을 닫는 수강생들이다.

테드식 단어 암기법의 논리적 체계를 뇌 과학 및 다양한 사례에 근거해 정리하기 전의 얘기다. 암기법이 효과가 높은 이유를 과학적 근거나 사례를 제시하며 설명하지 않았기 때문에 마음의 문을 미리 닫는다. 강사에 대한 예의 때문에 본인들의 의견을 드러내지는 않지만 반드시 쓰면서 암기해야 한다고 생각한다.

이 범주에 해당하는 수강생들은 같은 강의실 사람들 대부분이 성과를 거두는 것을 직접 목격하고 내 경험을 설명해도, 테드식 단어 암기법을 쉽게 받아들이지 못했다. 하지만 수강생들이 단어 암기로 계속 고생할 것을 알기 때문에 문제를 해결해야만 했다. 그런 고민이 기억을 객관적으로 연구하는 뇌 과학을 본격적으로 공부하게 되는 계기가 되었다.

뇌 과학에 근거해 암기법을 체계적으로 설명하기 시작한 이후로는 이런 유형의 수강생들 때문에 고민하지 않게 되었다.

세 번째 유형에 해당되면 이 책의 내용을 참조하면 된다. 하지만 첫째와 둘째 유형과 관련 있는 사람들은 스스로를 위해 빨리 개선해야 한다.

뇌를 이해하면
암기법이 보인다

뇌의 기억 형성 원리를 이해하면 테드식 단어 암기법이 효과적인
이유를 알 수 있다.

01

뇌 과학으로 증명하는 테드식 단어 암기법

테드식 단어 암기법으로 잘 외워졌던 이유는 뇌의 기억 형성 기능을 다른 암기법들보다 더 적극적으로 사용한 덕분이었다. 그것 외에 다른 특별한 이유는 없다.

뇌 과학을 공부하기 전에는 테드식 단어 암기법으로 잘 외워지는 이유를 나도 정확히 몰랐다. 반복 쓰기 방식 등 다른 암기법들과 비교되는 장단점도 체계적으로 정리할 수 없었다. 효과는 확실하다 보니 주저 없이 '한번 해 보라'고 누구에게든 권할 수는 있었다. 하지만 상대편이 시도하지 않으면 그만이었다. 다행히도 뇌 과학의 기초적 내용들을 통해 나의 개인적인 체험을 일정 수준 객관화할 수 있었다. 또한 다른 단어 암기법들의 장단점에 대해서도 더 깊이 이해할 수 있었다.

이번 장(4장)에는 내가 공부했던 뇌 과학의 기초적 내용들 중 일부를 요약했다. 테드식 단어 암기 체험을 먼저 한 후에 읽어 보면 효율적 단어 암기 방법에 대한 이해에 도움이 될 것이다. 뇌 과학에 대해 깊이 있게 공부하기를 원한다면 관련 서적, 논문, 자료 등을 별도로 볼 필요가 있다는 것을 미리 말해 둔다.

• 기억은 구체적인 것이다

장기간 유지되는 기억('장기 기억'이라고 한다.)을 만드는 데 영향을 주는 요소에 대한 관련 전문가들의 주장이나 연구결과는 거의 공통적이다. 주의, 인식, 홍미 부여, 동기 부여, 집중, 잦은 반복, 일정한 반복 기간, 감정 이입, 가능한 한 많은 감각 사용, 암기 내용의 조직화, 정교화, 자주 떠올리기(출력) 등이다. 타당한 내용들이지만 추상적이고 간접적으로 느껴지는 표현들이다.

뇌 과학은 위에서 말한 요소들이 기억 형성에 미치는 영향을 구체화하고 객관화한다. 실제 사람이나 쥐, 바다 달팽이, 초파리, 원숭이 등의 뇌에서 벌어지는 현상들을, 현미경이나 FMRI(뇌의 특정부분 활성화 상태를 이미지로 보여 주는 것.) 등 정밀 기구로 직접 관찰, 분석해 기억이 만들어지는 과정을 설명한다.

예를 들면, 외부에서 신체 자극의 형태로 특정 기억을 반복 주입시킨 후, 그 결과로 살아 있는 뇌세포 구조가 변하고 단백질 등 화학물질이 생성되는 것을 관찰해서 오래 지속되는 기억의 형성을 설명한다. 또는 뇌의 한 부분을 자극할 때마다 동일한 몸동작이 나타나는 것을 통해 기억이 뇌세포 간 결합 구조로 뇌의 특정 장소에 저장된다는 것을 역으로도 입증한다.

뇌의 특정 부분을 수술로 제거했을 때 과거 기억들이 사라져 버리거나, 일정한 뇌세포만 정밀 자극해야 동일한 기억이 떠오르거나, 어떤 공부를 하면 뇌의 한 부분에 혈액이 몰리는 것 등의 관찰을 통해서도 기억의 실체가 뇌세포 및 뇌세포 간 결합 구조임을 증명한다.

즉, 기억은 추상적인 것이 아니다. 머릿속에 있는 근육과 같다고 생각하면 편하다.

영어 단어 암기의 천재가 되는 비법

기억은 근육처럼 키울 수 있다

기억은 팔 근육을 만드는 것과 유사한 생물학적 과정으로 형성된다. 특성은 다르지만 머릿속에 있는 일종의 근육이라 할 수 있다. 다만 정밀 의학 기구 등을 이용하지 않으면 볼 수 없는 뇌 속의 세포 단위에서 만들어진다.

우리는 헬스장에 가서 아령 등의 운동 기구를 이용해 원하는 부위의 근육을 키울 수 있다. 마찬가지로 영어 단어를 외울 때도 시각, 청각 등의 감각들과 의미, 이야기, 동작, 감정 등 기억 구성 요소들을 부분적으로 자극하여, 한 정보에 대한 기억을 강화할 수 있다. 그리고 뇌 속에서 벌어지는 그 과정을 정밀 기기를 이용해 관찰할 수도 있다.

다만, 기억은 운동을 몇 개월만 안 하면 전체적으로 감소되는 신체 근육과 달리, 제대로 한번 만들어 놓으면 수개월, 수년 또는 수십 년까지도 유지될 수 있다.

우리가 시각과 청각을 주로 이용해 받아들이는 영어 단어와 같은 정보들은, 고유한 전기·화학 신호로 변환되어 뇌로 이동한다. 눈과 귀에서 뇌까지 연결되는 신경세포들이 통로로 사용된다. 그 과정이 순간적으로 이루어지면서 우리가 단어를 인식하게 된다. 즉, 정보의 인식은 물리적, 생화학적 현상이다.

단어를 1차 암기 후에 반복 학습을 통해 뇌세포를 지속 자극하면(뇌에 신호를 계속 보내면), 뇌세포 간 상호 결합에 의해 일종의 뇌 근육인 뇌 신경망이 형성되어 기억을 장기 저장한다. 다시 말하면 뇌 신경망이 결합된 상태 자체가 곧 기억이다.

단어 암기법들 사이의 효과 차이는, 그런 기억 형성 과정에 누가 더 적극적, 효율적으로 영향을 주느냐에 따라 달라진다. 영향의 크기는 뇌 자극의 세기 등으로 결정된다.

기억은 살아 있는 세포조직이므로 '생성 → 성장 → 퇴화'할 수 있다. 기억이 희미해지거나 사라진 것은 뇌 신경망들 간에 연결부위가 얇아졌거나, 끊겼거나, 신경 전달 물질이 적어졌거나, 관련 뇌세포자체가 소멸된 것이다.

예를 들어, 초등학교 시절 담임 선생님의 얼굴은 기억나는데 성함이 생각나지 않을 수 있다. 얼굴 기억용 뇌 신경망은 정상이지만, 이름과 소리를 기억하는 부분의 세포연결이 약해졌거나 사라졌기 때문이다. 기억이 약해지지 않게 하려면 일정 주기로 뇌를 자극해야 한다.

뇌 자극이 강한 정보가 장기 기억된다

뇌 과학자들의 추정으로는 사람의 경우 대략 1,000억 개 정도의 뇌세포(neuron)가 있고, 뇌세포 하나당 다른 뇌세포들과 평균 1,000개의 연결['시냅스(synapse)'라 한다.]을 만들 수 있다고 한다. 따라서 병렬연결로 최대 100조 정도의 정보 저장을 위한 연결(시냅스 결합)이 가능한 것이다.

신경 세포 수를 860억 개 정도로 측정한 연구도 있는데 표본으로 추정하는 것이므로 연구자들에 따라 제시하는 수치에 차이가 있을 수 있다. 대략 1,000억 개의 세포와 100조 개의 연결로 보는 관점이 가장 일반적인 것 같다. 어쨌든 숫자로만 보기에도 어마어마한 기억용량을 가지고 있다. 우리가 하루 기억하는 정보의 수를 1천만 개씩으로 억지로 가정하고 100년 동안 매일 저장한다고 해도, '3천 6백 5십억 개'밖에 안된다.

그러나 우리 체력의 한계가 뇌 기억 활동에 영향을 주므로 뇌는 중요한 정보 위주로 기억한다. 무한처럼 보이는 기억 용량을 다 활용하면 좋겠지만, 기억 작업 자체에 소요되는 사람의 에너지는 무한할 수 없다. 이것저것 다 기억하려고 하면 지쳐 쓰러지게 된다.

뇌가 장기 기억할 내용을 선택하는 주요 기준은 뇌 자극의 세기다. 하루 내내 오감을 통해 들어온 정보 중 자극이 약한 것들은 뇌세포 간 전기·화학 신호 전달 상태에서 몇십 초나 몇 분간 머물다 사라진다. 반면 집중과 반복으로 강하게 뇌를 자극하는 정보들은 뇌세포의 구조적 변화를 가져오며 더 오래 유지된다.

단어 암기로 예를 들면, 집중해서 인식하고 뇌 자극이 강한 방식으로 반복 암기한 것들을 더 오래 기억시킨다. 멍한 상태에서 암기했거나 한 번만 외우고 방치한 단어는 뇌를 더 강하게 자극하는 정보들에 의해 밀려난다. 따라서 집중 없는 단순 반복 쓰기나 읽기는 시간만 낭비하는 것이다. 테드식 암기법으로 3분 만에 20단어 정도를 외울 수 있는 이유도 뇌를 강하게 자극하기 때문이다.

여러 곡의 노래를 처음 들었다고 해 보자. 관심이 가서 소리를 키우고 자주 들은 노래의 가사나 리듬은 오랜 시간이 지나도 기억날 것이다. 하지만 흥미가 생기지 않아 한 번 흘려들은 노래들은 그 순간 뇌가 인식할 뿐이지 몇 분만 지나도 기억나지 않을 가능성이 높다.

기억은 살아 있는 생물체다. 그러므로 뇌에 남아 있는 동안은 유지를 위해, 우리가 음식으로 주로 충당하는 몸의 에너지와 산소를 계속 사용해야 한다. 기억이 너무 많아져도 에너지 관리에 문제가 되므로, 오랜 기간 사용하지 않는 것들은 우리가 의도하지 않더라도 점진적으로 망각되는 것이 자연스러울 것이다. 따라서 영어 단어와 같은 지식 기억

영어 단어 암기의 천재가 되는 비법

은 간헐적 사용이나 복습으로 뇌를 틈틈이 자극해서 기억을 유지시켜
야 한다.

• 수면 중에 자극 약한 정보들이 제거된다

수면 중에도 중요한 기억 활동이 일어난다는 사실이 실험과 관찰을
통해 밝혀져 있다. 흥미로운 연구 결과가 있어서 소개하고자 한다.

사람 뇌를 자유롭게 직접 연구하는 것은 아직도 제약이 많다. 그래서
뇌 연구자들은 초파리, 쥐, 군소 달팽이, 원숭이 등의 뇌 연구를 통해서
사람의 뇌에서 벌어지는 기억 현상을 간접적으로 설명하기도 한다. 아
래에 요약된 연구 내용은 '쥐'의 뇌를 관찰한 것이다.

미국 위스콘신(University of Wisconsin) 대학 정신의학과 교수인
키아라 시렐리(Chiara Cirelli)와 줄리오 토노니(Giulio Tononi) 등은,
쥐들의 뇌에 있는 시냅스를 3D 전자 현미경으로 관찰하였다. 깨어 있
는 동안 학습할 때는 시냅스가 생겨서 뇌가 커지고, 자는 동안은 작아
진다는 가설을 증명하기 위함이었다.

그 결과 기억 활동을 하지 않는 수면 중에 쥐의 신경망 크기(synapse
size)가 평균 18% 정도 줄어든다는 실험 결과를 발표했다. 중요한 것
은 18%의 시냅스 축소가 단 몇 시간의 잠자는 동안 발생했다는 점이
다. 사람이나 다른 개체도 유사할 것이라고 예측했다.

뇌의 시냅스 크기가 줄어든다고 해서 기억이 다 사라진다는 것은
아니다. 낮 동안 오감을 통해 받아들였던 내용들 중 뚜렷하고 참신한
정보들(salient and novel information)로서 기억해야 할 것은 남기고,
자극이 약했던 불필요한 것들은 제거하는 형태('시냅스 가지치기'라

한다.)로 기억이 정리된다는 것이다. 그리고 줄어든 만큼 새로운 기억을 위한 공간 확보가 되는 과정으로 연구 결과를 설명한다.[6]

자고 일어나면 일부 기억이 선명해지는 것을 사람들이 느낀다. 그 이유를 뇌가 쓸모없는 기억들을 제거하면서 필요한 것들만 강화하기 때문이라고 추정하는 뇌 과학자들이 있다. 그런 가설을 뒷받침하는 연구 결과다.

낮에 받아들인 정보에 의해 뇌에 발생된 신호들 중 자극이 약한 것들의 간섭이 사라지면서, 중요한 정보들의 기억이 명확해진다는 것이다. 뇌가 저장 공간과 에너지를 효율적으로 사용하는 방향으로 작동한다는 것을 알 수 있다. 인간의 유전자와 유사하다는 초파리 실험에 의해서도 수면 중 시냅스 축소가 동일하게 관찰되었다고 한다.

나의 경우도 완벽하게 외웠다고 생각했는데 하루 자고 일어나면 기억나지 않는 단어들이 간혹 있었다. 암기할 때는 인식하지 못했지만 실제 뇌 자극 강도가 약했던 단어들이 수면 중에 망각된 것으로 볼 수 있다. 그런 문제는 암기 도중 및 직후 단어만 보고 해석을 떠올리는 출력을 하거나, 당일 복습을 하는 방식으로 뇌 자극을 늘리면 많이 예방 가능했다.

04

장기 기억이 중요하다

사람이 기억의 재료인 정보를 받아들이는 방식은 감각 기관마다 다르다. 시각은 빛('광자'라고도 한다.)으로, 청각은 진동으로, 촉각은 압력이나 온도 차 등으로, 미각은 혀의 접촉으로, 후각은 냄새 분자를 이용해서 기억의 첫 관문인 감각을 작동시킨다.

각 감각 기관은 정보를 수용하는 부분(receptor)에서 고유한 전기 신호를 발생시키고, 뇌까지 연결되는 신경 세포들이 세포 내 전기 신호와 세포 간 화학 신호를 번갈아 사용하면서 뇌의 각 담당 부위에 정보를 전달한다.

감각 기관에서 신경 세포를 통해 뇌까지 신호가 전달되면 뇌세포 내에서 전기 흐름이 발생하고, 그로 인해 화학물질인 신경 전달 물질이 생성되어 관련된 다른 뇌세포로 전달된다. 그러한 과정에서 신호들이 통합되며 지각 및 사고 작용이 일어난다. 이러한 상태를 '뇌가 활성화(activation)'되었다고 말한다.

몇 초에서 몇십 초 간의 활성화 상태를 '단기 기억(short-term memory)'이라 한다. 친구 한 명에게 전화를 해야 하는데 전화번호를 몰라서 옆에 있는 다른 친구에게 물어서 들은 다음, 그 번호를 기록하지 않고 전화를 바로 걸 때까지만 잠시 기억하는 몇 초에서 몇십 초 사이가 단기 기억 상태다. 뇌 과학자들이 단기 기억을 설명할 때 드는 사례 중 하나다.

전화번호를 잊지 않으려고 반복해 외우면 뇌에 신호가 계속 들어가 뇌세포가 강하게 자극받는다. 신체의 특정 근육을 계속 단련시키는 과정과 유사하다. 그러면 뇌세포 내의 세포핵이 관여한다. 그 결과로 기억마다 다른 형태를 가지는 뇌세포 간 연결(시냅스 형성)이 일어나고, 자극의 강도에 비례해 시냅스가 튼튼하게 성장하게 된다('시냅스 강화'라고 부른다).

시냅스 강화는, 인접한 뇌신경 세포 간 연결수가 늘어나면서 한편으로 시냅스 연결부위가 두꺼워지고, 다른 신경세포에서 화학물질의 이동형태로 신호를 받는 부분인 수상돌기(dendrite)의 수용체(spine) 수가 증가하고, 장기 기억 관련 화학물질(단백질 등)이 생성되는 과정으로 밝혀져 있다. 즉, **뇌세포에 구조적 변화가 일어나면서 몇 시간, 며칠, 몇 주, 수개월, 심지어 수십 년 후에도 생각해 낼 수 있는 장기 기억(long-term memory)이 만들어지는 것이다.**

장단기 기억을 시간적으로 구분하는 관점은 뇌 과학자들 간 차이가 있지만, 기억이 몇 시간 이상만 지속되어도 장기 기억으로 보는 것이 일반적인 듯하다. 합의된 기준이 없으므로 학자별로 상황에 맞게 구분한다.

공포와 같이 사람이 생명의 위협을 느끼는 상황에 대한 기억은, 뇌의

영어 단어 암기의 천재가 되는 비법

편도체(amygdala)라는 곳이 관여해 단 한 번의 뇌 자극으로도 평생 지속되는 장기 기억이 되기도 한다. 극한 감동을 주는 장면도 마찬가지다.

영어 단어 암기의 궁극적 목적도 장기 기억을 만드는 것이다. 그런데 새로 암기하는 외국어 단어 정보의 경우 모국어와 달리 뇌에 신경 회로가 없다. 따라서 많은 에너지를 사용해서 뇌 구조의 생화학적 변화를 가져와야 한다. 특정 정보에 대한 뇌 신경망이 튼튼하게 형성된 상태가 '장기 기억'이기 때문이다. 문제는 자극이 약하면 1차 암기한 단어의 정보가 뇌의 구조적 변화까지 연결되지 못하고 전기 및 화학 신호 상태의 단기 기억으로 머물다 사라진다는 점이다.

따라서 단 한 번의 암기도 뇌를 자극하는 방식으로 해야 하고, 1차 암기했으면 단기 기억 신호가 사라지기 전에 복습을 자주해서 빨리 신경망을 형성해야 한다. 그렇지 않으면 아까운 에너지와 시간만 낭비하게 된다. 테드식 단어 암기법이 효과가 있는 것도 절차상 장기 기억을 강화하는 구조로 되어 있기 때문이다.

• 장기 기억은 각자 존재하면서 상호 연결도 된다

장기 기억은, 특성에 따라 의미 기억(= 뜻 기억), 일화 기억(= 이야기 기억, 사건 기억), 절차 기억(= 운동 기억), 감정 기억(= 정서 기억), 장소 기억(= 공간 기억) 등으로 일반적으로 구분한다. 그 기억들은 뇌세포 및 뇌 신경망 형태로 실제 존재한다.

장기 기억들은 각자 형성되기도 하지만, 특정 정보를 기억할 때 여러 가지 감각들을 동시에 이용한 경우 뇌에서 상호 연결된다. 예를 들어, 어떤 영어 단어 하나를 암기할 때만 손가락으로 코를 여러 차례 반복해서 살짝 두들겼다고 하자. 나중에 동일한 동작(절차 기억)을 하면, 그 동작과 함께 외웠던 영어 단어와 해석(의미 기억)이 같이 떠오른다. 전체 기억 형성에 영향을 미쳤던 요소 중 하나가 기폭제 역할을 하여 연결된 다른 기억까지 이끌어 내는 것이다. 누구든 테스트를 통해 직접 확인할 수 있다.

나와 관련된 예를 하나 들어 보겠다. 내가 어렸을 때 할머니가 자장가로 자주 불러 주셨던 〈새야 새야 파랑새야〉라는 노래가 있다. 그 곡을 무심코 흥얼거릴 때가 있는데, 그럴 때마다 할머니 노랫소리, 당시 방의 모습, 느꼈던 감정까지 동시에 떠오른다.

청각, 시각, 후각 등의 감각 신호를 기반으로 형성된 감정 기억, 이야기 기억, 의미 기억(노래 가사), 장소 기억이 뇌의 각 영역에 저장되어 있으면서 한편으로 상호 연결되어 있기 때문이라고 얘기할 수 있다. 그래서 노래만 불러도 연결된 다른 기억들이 같이 되살아난 것이다.

• 장기 기억을 서술 기억과 비서술 기억으로도 구분한다

의식적으로 생각해 내야 하는 장기 기억을 '서술 기억(declarative memory) 혹은 명시적 기억(explicit memory)'이라 하고, 무의식적으로도 나타나는 장기 기억을 '비서술 기억(non-declarative memory) 혹은 암묵 기억(implicit memory)'이라고 한다. 학자들이 구분을 세분화한

영어 단어 암기의 천재가 되는 비법

것이다.

영어 단어의 의미나 예문을 떠올리는 것처럼 '기억해 내야 하는데!'라는 의식의 작용이 필요한 장기 기억들이 서술 기억에 속한다. 영어 단어나 해석에 대한 기억, 사건이나 이야기에 대한 일화 기억, 공간에 대한 장소 기억이 이에 속한다.

반면에 무의식적으로도 실현되는 절차 기억과 감정 기억은 비서술 기억에 속한다. 처음에는 어떤 동작을 의식적으로 하다가 반복을 통해 운동 기억이 일단 형성되면 무의식적으로 할 수 있게 된다. 우리가 어렸을 때 배운 칫솔질이나 젓가락질을 아무 생각 없이 할 수 있는 것도 이 기억 때문이다.

또한 어떤 음식을 먹을 때 과거 기억의 영향으로 무의식적으로 싫거나 좋은 감정을 느낄 수 있다. 먹다가 체해서 너무 심하게 고생했던 음식을 다시 보면 그냥 싫어지는 경우 등을 말한다. 그때 작용하는 뇌에 저장된 장기 기억을 감정 기억이라 한다.

05

늙으신 부모님의 뇌도 성장한다

성인이 되어 나이가 들면 뇌세포가 쇠퇴 또는 소멸하기도 하지만, 한 편으로 새로 생기고, 성장하고, 수정이 된다는 것도 뇌 과학으로 검증된 사실이다. 또한 뇌에서 특정 역할을 담당하는 부분이 손상되면 다른 부위에서 그 역할을 대신할 수도 있다고 밝혀져 있다. 그러한 뇌의 유연한 특성을 '신경 가소성'이라 한다. '신경 가소성(neuroplasticity)'이란 뇌가 계속 변화하고 성장할 수 있다는 의미다.

뇌를 관찰할 기술이 없었던 시기가 있었다. 그때는 성인이 되기 전에 뇌의 형성이 끝나고, 그 이후에는 신경세포 수와 세포들 간 연결이 감소되는 과정만 진행된다고 알고 있었다. 하지만 지금은 나이가 들더라도 뇌를 어떻게 사용하느냐에 따라 뇌세포도 새로 생기고 신경망도 성장하는 것으로 밝혀져 있다. 나이 드신 부모님이나 할아버지 할머니도 뇌를 자주 사용하시면 뇌 건강이 일정 수준 유지된다는 얘기다. 물론 뇌 성장을 돕는 영양분 섭취와 적절한 운동도 필요할 것이다.

신경 가소성과 관련해 대표적으로 많이 언급되는 내용이 영국 런던

택시 기사들의 뇌 구조에 대한 관찰 사례다. 다양한 실험들이 여러 뇌 연구가들에 의해 행해졌는데, 내가 여러 논문들을 통해 살펴본 최종 결과는 유사했다.

런던의 택시 기사들은 운전 자격 취득 시험을 치르기 위해, 런던 시내 도로, 주요 지형지물, 빨리 가는 경로, 대략적 운행 시간 등을 외워야 한다. 그런데 MRI를 이용해 자격시험을 통과한 기사들의 뇌를 촬영했을 때 흥미로운 결과가 나왔다.

길을 외우는 부분과 관련된 뇌의 특정 부분(해마의 뒷부분 회백질: posteria hippocampus grey matter)의 부피가, 시험을 통과한 택시 기사가 아닌 일반인들에 비해 공통적으로 컸던 것이다. 즉, 집중 사용하는 부분의 뇌 구조가 변한 것이다. 뇌가 커졌다는 것은 새로운 뇌세포들이 만들어지고 상호 연결이 형성되었다는 직접 증거다. 특정 악기를 전문적으로 다루는 사람들의 뇌 관찰을 통해서도 유사한 변화가 확인되었다고 한다.

• 머리는 굳지 않는다

신경 가소성이란 개념을 볼 때면 생각나는 일화가 하나 있다. 한 어학원에서 토익 강의할 때 토요일에 진행되는 수업을 들었던 나이 지극한 남자분이 계셨다. 회사 승진 때문에 수강하시는 분으로 보였다. 그런데 테드식 암기법을 처음 체험시킬 때, 입을 움직이면서 외우라고 당부했음에도 입을 전혀 움직이지 않았다. 눈으로만 보면서 암기를 하려고 노력은 하셨는데 평가를 할 때 해석을 거의 기억해 내지 못했다.

다른 수강생들이 3분 20단어를 거의 다 외우는 것을 보셨기에 나한테 미안했던지 수업 끝난 후 말을 걸어오셨다. "회사에서 수십 년간 한 가지 일만 너무 오래해서 머리가 굳어 버린 것 같습니다"라고 하셨다. 예전에 공부할 때는 반복해 쓰면서 암기했다고도 말하셨다.

그때 뇌 과학 공부를 한 상태였기 때문에, 나이가 들어도 뇌는 변화, 성장하는 것이 검증되었다고 설명 드리면서 암기법을 꾸준히 연습해 보시라고 권유했다. 그런데 다음 수업에서 3분 20단어 암기 테스트를 했을 때 대학생들 못지않게 잘 외우셨다. 사고가 빨라진 것을 눈빛으로도 느낄 수가 있었다. 문의해 보니 내가 알려 준 방법으로 집에서 연습을 많이 하셨다고 했다.

오랜 기간 영어에서 멀어져 있었고 쓰면서 암기하는 방식만 알았던 분이, 눈과 입으로 일주일 만에 20단어 가까이 외울 수 있게 된 것이다. 뇌에서 긍정적 변화가 발생한 것으로 추정할 수 있는 현상이었다.

'신경 가소성'이 과학적으로 증명되기 전의 속설은 '나이가 들면 머리가 굳는다'는 것이었다. 뇌를 안 쓸 핑곗거리만 만드는 말이었던 것 같다. 한번 형성된 습관을 고치기 힘들다는 의미인 '세 살 버릇 여든까지 간다'는 속담의 경우도, 일종의 변명거리로 이용되는 것 같다.

습관은 뇌에 기억된 것이다. 오랜 기간 반복적 뇌 자극을 통해 튼튼하게 만들어지고 활동성도 좋은 '뇌 신경회로'다. 의식하지 않더라도

영어 단어 암기의 천재가 되는 비법

자동으로 나올 정도로 강하게 기억된 것이다. 그래서 고치기는 어렵다. 하지만 습관 또한 수정 가능하다. 뇌는 변하기 때문이다.

06

한 남자의 뇌를 통해 본 기억의 모습

수십 년 전만 해도 모든 기억 활동이 뇌의 동일한 장소에서 동시에 일어난다고 세계의 뇌 과학자들이나 심리학자들은 일반적으로 추정했었다. 그러다가 한 사람에 의해 그런 관점이 완전히 뒤집어졌다. 기억을 구체적으로 분석하기 시작하게 한 역사적 계기가 된 일이기도 하고, 기억의 특성에 대한 이해에도 도움이 되므로 내용을 소개하고자 한다.

미국인인 헨리 구스타프 몰레이슨(Henry Gustav Molaison, 1926년~2008년)은, 어렸을 때 자전거 타고 놀다 머리를 다친 사고로 만성적 간질 발작이 생겼다. 심각한 상태가 되어 27세가 되던 1953년에 미국 하트퍼드 병원의 신경외과의사인 윌리엄 스코빌(William Scoville, 1906~1984)에 의해 뇌수술을 받았다.

스코빌은 그의 발작이 좌우 중앙 측두엽 부분의 뇌 조직에서 발생했다고 판단해, 뇌에서 해마(hippocampus) 및 편도체(amygdala)가 포함된 측두엽(temporal lobe) 부위 일부를 제거했다. 수술 후 간질은 치료되었으나 다른 문제들이 발생했다.[7]

(1) 의미 및 일화 관련 새로운 장기 기억을 못하게 되었다

수술 이후 55년 동안 연구자들이 그를 관찰한 결과, 새로 배운 지식
적 정보들(의미 기억)이나 이야기들(일화 기억)을 아주 짧은 시간 기억
은 했으나 30~60초만 지나도 잊어버렸다. 즉 장기 기억으로 가지고 있
지 못했다. 거의 현재진행형으로 평생을 살게 된 것이다.

조금 전 식사한 것을 잊어버리고 밥을 계속해서 먹거나 동일한 질문
을 반복하는 등, 수술 시점 이후에 경험한 일들에 대해서는 장기 기억
을 못 했다. 평생 같은 질문과 행동을 되풀이하는 비정상적 생활을 하
게 되었다. 서로 인사한 사람이 10분간 자리를 비우고 오면 누구인지
잊어버려 다시 소개를 해야 하는 정도였다. 수술 이후부터 수십 년간
만난 의사도 볼 때마다 알아보지 못했다.

(2) 수술 전 장기 기억은 유지하고 있었다

단, 해마 및 주변 부위 제거 수술 이전에 발생한 일들은 많이 기억을
하고 있었다. 수술로 제거된 뇌 조직 외에 수술 전 간질약 복용으로 손
상된 뇌 부분도 있었다. 그래서 과거 기억을 많이 잊어버려 회상하는
데 어려움은 있었다. 그러나 수술 전 이미 기억하고 있던 지식 및 추억
들은 어느 정도 유지하고 있었다.

이를 통해 초기 기억 형성 과정에서는 해마와 대뇌피질이라는 뇌의 영역들이 상호 연계하여 기억 활동이 일어나지만, 반복 자극을 통해 장기 기억화되면 해마는 더 이상 관여하지 않고 대뇌 피질이라는 곳에 기억이 저장되는 것이 밝혀졌다.

뇌에 장기 기억 장소가 별도로 있다는 것과, 해마가 장기 기억 형성 과정에서 매개역할을 한다는 것을 최초로 추정하게 하는 계기가 되었다. 동일하거나 유사한 현상은 기억 상실증을 가진 다른 환자들이나 '쥐의 뇌를 이용한 실험'을 통해서도 재확인되었다.

(3) 30~60초 동안 단기 기억은 했다

새로 배운 지식과 나눈 이야기 등, 의미 기억과 일화 기억 내용에 대해 30~60초 동안은 기억을 했다. 해마가 거의 없었음에도 불구하고 가능했다. 이를 통해 해마 없이도 단기 기억이 뇌의 다른 부분을 통해 직접 처리될 수 있다는 것을 알 수 있게 되었다. 그렇게 짧게 머무는 기억을 장기 기억과 비교되는 '단기 기억'으로 구분하게 되었다.

헨리 몰레이슨의 상태를 기준으로 하는 경우의 단기 기억은 60초 정도까지 머무는 기억을 말한다. 하지만 많은 뇌 과학자들은 편의상 몇 분에서 몇 시간까지 지속되는 기억도 단기 기억으로 구분한다. 앞에서

영어 단어 암기의 천재가 되는 비법

도 언급하였지만 뇌 과학자들 간 공유되는 특정 시간 기준은 아직 없는 것 같다.

정상적인 뇌의 경우 초기 기억 활동이 해마와 대뇌피질에서 동시에 관찰되는 것으로도 현재 밝혀져 있다고 한다. 단기 기억 과정을 거쳐 장기 기억화되므로 해마가 단기 기억에 관여한다고 추정할 수 있다(해마가 장기 기억화 과정의 매개 역할만 하는 것은 아니라는 의미다). 하지만 수술 후 헨리 몰레이슨의 뇌에는 해마가 거의 없었고, 그 상태에서도 단기 기억은 했으므로, 대뇌 피질만 이용해 단기 기억 처리가 일어나는 것으로 그 당시는 추정했었다.

(4) 새롭게 터득한 동작은 장기 기억했다

수술 이후에 배운 내용 중, 몸을 사용해 일정 동작을 하는 것은 장기 기억했다. 즉 절차 기억은 형성되었다. 반복 동작을 통해 자동 기억되어서 나중에 무의식적으로 똑같은 동작을 할 수 있었다. 걸음걸이가 불편해 이용했던 보행 보조기구 사용법에 익숙해진 것이 대표적인 예였다. 처음에는 사용법을 잘 몰랐지만 반복 동작하면서 자연스럽게 터득했다. 그 외에도 다양한 반복 동작 실험을 통해, 의미나 일화 기억과 달리 절차 기억은 해마를 거치지 않고도 형성되고 장기 기억화할 수 있음이 확인되었다.

하지만 동작을 배운 과정과 할 수 있는 이유는 기억하지 못했다. 그런 현상을 통해, 한번 형성된 절차 기억은 무의식적으로 작동할 수 있다는 것을 알게 되었다.

영어 단어 암기의 천재가 되는 비법

다른 암기법과
비교하고 선택해라

이론은 이론일 뿐이고, 남의 체험은 남의 것일 뿐이다. 직접 시도
해 봐야 비로소 나의 것으로 만들 수 있다.

01

테드식 단어 암기법은 다르다

영어 단어를 한 번 만에 장기 기억 시켜 주는 암기법은 없다. 반복 학습이 기본이다. 한 번 보고 외워졌다면 어쩌다 예외가 발생한 것이다.

하지만 암기법들 간 투자 시간 대비 성과의 차이는 분명히 있다. 따라서 널리 알려진 암기법들을 몇 차례씩 시도해 본 후 가장 효과 좋은 것을 선택해야 한다. 몇 시간 투자면 이것저것 다 해 볼 수 있다. 자료가 없으면 도서관에 가면 된다. 그 정도 의지는 필요하다. 암기법을 잘 골라서 몇 개월, 몇 년의 공부 시간을 절약할 수 있으면 몇 시간의 노력은 전혀 아깝지 않을 것이다. 암기법에 대해 읽거나 누구에게 듣는 것만으로는 정확한 효과를 알 수 없다. 일단 몇 차례라도 진지하게 직접 실행해 봐야 한다.

이번 장에서는 가장 일반적으로 사용되는 주요 연상 암기법 세 가지 및 어원 암기법에 대해 내가 직접 경험한 바를 토대로 나름대로 분석할 것이다. 테드식 단어 암기법과 비교되는 차이점들도 함께 정리할 것이다. 일반 학습자들이 암기법들을 상호 비교하고 조금씩 실행해 본 후,

최종 선택하는 과정에 도움이 될 것이라 생각한다.

• 연상 암기법들과 테드식 암기법은 다르다

주요 연상 암기법들인 '시각 자료 이용 암기법, 핵심어 암기법, 장소 기억법'은 영어 단어와 해석에 '중간 매개물'을 연결시켜 단어를 기억시키고 생각해 내는 방식들이다. 연상(聯想)이란 한 정보를 생각하면 연결된 다른 정보까지 같이 떠오르게 되는 현상을 말한다. 어떤 정보의 기억과 회상이 원활히 될 수 있도록 다른 매개체가 이용된다는 정도로 이해하면 된다.

단어 암기와 관련해서는, 스토리(이야기), 이미지, 핵심어(영어 단어와 유사 발음의 모국어 낱말.) 등이 단어 및 해석과 연결되어 자주 사용되는 연상 매개물들이다. 단순 반복 쓰기만으로 암기할 경우 뇌 자극이 약하고 흥미도 잃게 되는 단점을 연상 매개체들이 보완해준다. 따라서 연상 암기법들을 사용해 단어를 외우면 반복 쓰기를 병행 하더라도 암기 효율성은 높아진다. 그러나 수천 개의 단어들을 외워야 할 경우, 방법의 특성상 적용에 한계가 있다. 그래서인지 연상 암기법 관련 서적들을 보면 어원 암기법을 결합해 암기 자료를 만드는 경향이 있는 것 같다.

연상 암기법과 달리 테드식 단어 암기법은 연상 매개체를 사용하지 않고, 반복 쓰기도 집중 암기 도중에는 하지 않는다. '눈과 입 사용 위주의 효율적인 암기 방식'만을 강조한다. 따라서 단어와 해석이 있는 자료만 있으면 언제든 적용 가능하다. 반면 연상 암기법들을 적용해 단어를 외우려면 연상 매개체를 이용해 작성된 별도 자료가 반드시 필요하다.

반복 쓰기 위주의 전통적 암기 방식만 고집하기보다는, 연상 암기법을 적절히 이용하는 것이 암기에 더 효율적이다. 집중 및 기억 강화에 도움이 된다. 내 경험상 그렇다.

그러나 가능한 한 단기간에 많은 영어 단어를 외워야 하는 경우 테드식 암기법 대비 비효율적이라고 판단한다. 연상 매개물도 암기할 정보여서 학습 시간이 오래 걸리고, '2장 01단원'에서 자세히 설명한 반복 쓰기 자체의 주요 문제점들도 여전히 남아 있다. 새로운 단어들 20개 정도씩만 각 암기법들로 외워 본 후에 성과를 상호 비교하면 차이를 바로 확인할 수 있다.

연상 암기법은 관련 전문가가 작성한 단어 자료가 없는 영어 분야나, 다른 외국어 공부가 필요한 사람들이 적용하기에도 부적합하다. 반면 테드식은 공부 틀만 제시하는 일반적 학습 방법론이어서 자료에 제한이 없다. 다른 외국어 단어 암기에도 영어와 동일하게 적용 가능하고 암기 성과도 별 차이가 없다.

시각자료 이용 암기법의 장단점

　시각적으로 자극을 줄 수 있는 요소들을 단어 및 해석과 연결시켜 외우는 연상 암기법이다. 연상 매개체로는 그림, 만화, 사진 등이 주로 이용된다(향후로는 편의상 '이미지'라고 통칭 하겠다).

　예를 들어, 'cultivate[kʌ́ltəvèit]'는 '(농산물 등을)경작하다'는 의미인데, 농기구를 가지고 밭에서 일을 하고 있는 사람의 그림과 단어를 서로 연결해 외우는 형태다.

• 집중력을 높여 준다

　처음 보는 영어 단어는 의미 없는 기호이므로 해석과 연결해야 인식이 가능해진다. 그런데 해석도 글씨이므로 스토리가 있는 이미지를 볼 때보다는 뇌 자극이 약하다. 하지만 의미를 생생히 나타내는 이미지를 사용하면 시각이 좀 더 강하게 자극되어 흥미가 생긴다. 그 결과로 집중력이 높아져 단순 반복 쓰기만 할 때에 비해 단어 기억이 상대적으로 쉬워진다.

　취학 전 아동용이나 초등학생용 영어 단어 자료는 한국말 자체를 공부할 시기이므로 그림이 들어가 있으면 좋을 것이다. 특정 낱말의 의미를 동작과 상황을 보면서 배우는 시기이기 때문이다. 흥미도 유발하고 단어 의미 이해에도 도움을 줄 것이다.

하지만 중학생 이상이면 해석만 봐도 영어 단어가 사용되는 상황을 알 수 있다. 따라서 영어 단어 암기에 굳이 이미지를 이용할 필요가 없다고 나는 생각한다. 테드식 암기법을 적용하는 것을 전제로 할 때 그러하다.

• 단기에 많은 단어 외우기 어렵다

초기 암기할 때는 기억의 원활함을 위해 이미지를 이용했다고 하더라도, 단어의 실제 활용을 위해서는 이미지의 개입 없이 단어만 보면 해석이 바로 떠오를 수 있는 수준으로 기억이 강화되어야 한다. 그러기 위해서는 반복 학습이 필수다. 그런데 시각 자료 이용 암기법도 반복 쓰기를 기본으로 한다. 따라서 암기할 단어 수가 많은 경우 2장에서 설명한 반복 쓰기의 단점들을 충분히 극복하기 어렵다.

가장 큰 문제점은 암기 기간이 길어지는 것이다. 1차 암기한 단어들의 망각 전 적정 횟수의 반복학습을 통한 장기 기억화 관리가 어렵다. 암기할 단어의 수가 적은 경우는 문제되지 않겠지만 그런 상황이라면 단어 암기를 걱정할 필요도 없다.

또한 적당한 단어 자료를 확보하기도 힘들다. 수천 단어 이상 암기가 필요한 경우, 학습자가 연상 이미지 등을 직접 만들기는 사실상 불가능

영어 단어 암기의 천재가 되는 비법

하다. 전문가들이 미리 제작한 자료를 이용해야 한다. 그런데 그림이 많이 들어가면 단어를 넣을 수 있는 공간이 적어져, 3,000~5,000 정도의 단어를 수록하려면 책 몇 권으로 분리해야 한다. 그렇게 작성된 자료를 구하기도 힘들 것이다.

이미지를 사용했다고 해도 책의 편집 목적상 부분적으로만 실리고, 그 외의 많은 단어들은 이미지 없이 통째로 묶어서 정리되거나 어원 암기법을 부분적으로 적용하는 혼합 형태가 될 가능성이 높다. 어원 암기법은 별도의 전문서적으로 집중 공부하는 것이 효율적이다.

단어와 해석만 있는 단순한 자료를 볼 때 거부감을 많이 느끼는 사람들은, 이미지와 결합된 단어 자료를 일정 기간 봐도 괜찮을 것 같다. 일단 공부는 시작해야 하기 때문이다. 그러나 단기간에 많은 단어를 외워야 하는 시점이 다가오면 테드식 단어 암기법으로 신속히 전환하는 것이 좋다.

03

핵심어 암기법의 장단점

영어 단어의 발음과 유사한 소리의 한글 낱말을 이용해, 해석을 포함하는 짧은 이야기를 만든 후, 관련 장면을 상상하며 암기하는 방식이다.

이미 머릿속에 기억되어 있는 유사 발음의 한글 낱말이, 영어 단어와 해석을 기억시키고 생각해 내는 과정에서 핵심이 되는 연상 매개물이다. 마치 창고의 자물쇠를 열어 안에 있는 내용물을 보게 하는 열쇠(key)와 같은 역할을 한다.

'tartar[tάːrtər](치석: 치아에 굳어져 쌓인 물질)'라는 단어를 핵심어 암기법(Keyword Method)으로 외우기 위한 연상 스토리를 만들어 보겠다.

나는 **'치석'**을 예방하려고 비행기를 **'타더(tartar)'**라도 양치질은 반드시 한다.

위의 예문에서 연상 매개체로 사용된 핵심어는 영어 단어와 유사 발음의 한국말인 '타더'다. 약간 과장된 이야기도 영어 단어와 해석의 암기를 돕기 위한 연상 매개체다. 심하게 흔들리는 비행기 화장실에서

영어 단어 암기의 천재가 되는 비법

이를 닦고 있는 모습을 상상하는 방식으로 외우면 효과적이다.

특이한 스토리를 사용하면 뇌 자극이 강해지고 흥미도 유발할 수 있어서 재미있게 암기할 수 있다. 내가 중고교 다닐 때도 핵심어 암기법으로 공부하는 사람들이 있었고 나도 이용한 적 있다. 또한 암기에 미치는 긍정적 효과를 연구한 해외 논문들도 있다. 나도 몇 편 읽어 보았다.

• 발음 부담 감소 및 모국어 기억 활용

내가 생각하는 핵심어 암기법의 가장 큰 장점은 발음에 대한 부담 감소다. 발음 기호를 보면서도 영어 단어 읽는 데 불안감을 느끼는 사람들이 있다. 원어민과의 유창성 차이, 발음의 정확성에 대한 우려, 영어 철자에 대한 이질감 등을 자기도 모르게 의식하는 것이다. 단어 암기할 때는 집중을 위해 신경 쓰지 말아야 할 것들인데 쉽게 떨쳐 내지 못한다. 발음 기호 읽는 것 자체를 힘들어하는 사람들 또한 있다.

이미 여러 차례 지적했지만 단어 읽는 것을 부담스러워하면 암기가 잘 안된다. 뇌가 단어에 충분히 집중하지 못한다. 그러나 유사 발음의 한국말을 이용하면 좀 더 편하게 단어를 인식할 수 있다. 발음을 한국말로 순간적으로 미리 기억한 상태에서 영어 단어를 보기 때문에 읽는 부담이 감소된다. 따라서 발음 기호 읽는 것에 대해 어려움이 있거나, 영어 단어 자체가 낯설게 느껴지는 수준의 학습자들에게는 효과적일수 있다.

단, 핵심어가 발음을 너무 왜곡하는 형태로 작성된 자료는 피해야 한다. 철자와 관련성이 떨어지는 지나치게 이상한 발음은 암기에 악영향을 준다. 그리고 영어 발음까지 고려해 세밀하게 작성된 자료로 외우더라도, 핵심어 발음은 한국식 발음이므로 고착화되지 않도록 빨리 교정해야 한다. 단어 암기 후 단기간에 전자 사전 등의 음성 기능을 이용한 연습으로 발음을 정상화해야 한다.

테드식 암기법에서는 단어나 발음 기호를 읽는 데 자신이 없는 경우, 1~3일 정도 발음 기호와 단어 읽는 법만 집중 공부는 것을 권장한다. 보통 그렇게 안 해서 그렇지 막상 시도하면 성과가 반드시 나온다. 그 후에는 발음이 약간 틀리더라도 신경 쓰지 않고 단어들을 일단 고속으로 외우고, 정확한 발음 구사가 필요한 경우는 암기 직후나 나중에 보완하는 방식이 공부 기간 단축에 유리하다고 결론 내린다.

핵심어 암기법의 또 다른 장점은 우리 머릿속에 이미 저장된 모국어 기억을 사용할 수 있다는 점이다. 유사 발음의 한국어 낱말, 해석, 이야기는 이미 모국어로 뇌에 들어 있는 정보들이다. 게다가 영어 알파벳은 발음 기호와 상당부분 일치하므로 핵심어를 기억하면 철자도 대충 기억된다.

장점들은 명확하지만, 테드식 단어 암기법과 비교 시 핵심어 암기법의 단점이라고 생각되는 부분들도 있어서 정리하고자 한다.

영어 단어 암기의 천재가 되는 비법

• 단기에 많은 단어 외우기 어렵다

핵심어 암기법을 적용하면 테드식과 비교해 기본적인 학습 시간이 많이 소요된다. 외울 정보량이 많아지기 때문이다. 일차적으로 연상 스토리를 외워야 한다. 그 후에는 잦은 반복 학습을 통해, 연상 스토리 개입 없이 단어만 봐도 해석이 바로 떠오르도록 해야 한다. 영어 시험 등의 실제 사용 환경에서 연상 스토리가 개입되면 안 되기 때문이다. 게다가 반복 쓰기도 병행해야 한다.

암기할 단어 수가 적을 때는 재미있게 할 수 있겠지만, 외울 단어가 많을 때는 테드식에 비해 학습 기간이 너무 길어질 것으로 예상된다. 따라서 발음에 큰 부담이 없고, 어느 정도 학습 의지가 있는 사람들에게는 적합하지 않다고 판단한다.

나의 경우 직접 경험으로 그런 차이를 알고 있다. 하지만 나름대로 체계적인 검증을 하고 싶어서, 유사 난이도의 단어들을 대상으로 '반복 쓰기 암기법, 핵심어 암기법, 테드식 암기법' 간 상호 비교 테스트도 했었다(영어는 아는 단어들이 많아 이탈리아어 단어 각각 100개씩 총 300개로 테스트했다). 검증 결과는 나의 과거 경험 및 예상과 일치했다. 각자 시도해 보길 바란다.

• 연상 간 혼동 및 내용 망각 우려가 있다

연상을 사용해 일단 암기를 했으면 가능한 한 빨리 영어 단어와 해석만 즉각 떠오르는 단계로 전환시켜야 한다. 그러나 복습량이 부족하거나 공부 기간이 길어지면 기억된 스토리 간 충돌 가능성이 있다. 발음이 유사해 단어 간 핵심어가 중복되는 경우로 인한 혼동도 있을 것이다. 또한 연상 스토리 자체도 점진적으로 망각될 것이다.

핵심어 암기법 관련 연구 논문 중, 암기할 단어 수가 많을 경우 예상되는 연상 간 충돌 및 망각 문제에 대해 검토한 것이 있는지 찾아봤었다. 해외 논문들을 몇 편 봤는데 몇십 단어 정도로 실험한 연구들만 있었다. 암기법의 특성상 가장 심각한 문제가 될 수 있다고 누구나 예상할 수 있는 부분임에도 점검한 사례가 없었다. 수백 단어 이상으로 테스트한 연구 자료가 어딘가에 있을 수도 있지만 아직 찾지 못했다.

연상용 이야기는 암기 편의상 짧게 만들어야 하므로 높은 수준의 논리성을 갖추기 힘들다. 따라서 외우는 내용이 많아지면 상대적으로 완결성이 떨어진 연상 스토리 간 충돌도 발생할 것이다. 연상이 주는 긍정적 효과를 상쇄하는 것 이상의 부정적 현상이 나타날 수도 있다. 적정 기간 내에 반복 학습을 함으로써 해결할 수 있는 문제지만, 그 시간에 테드식 단어 암기법을 활용하면 공부 시간을 훨씬 더 절약할 수 있다고 생각한다.

• 자료가 없는 분야나 다른 외국어에 적용하지 못한다

핵심어 암기법을 적용한 단어 자료가 없는 경우 연상 스토리를 새로 만들어야 한다. 단어 수가 아주 적은 경우를 제외하고 개인이 단기간에 제작하기는 상식적으로 힘들다. 관련 전문가들이 몇 개월, 몇 년의 작업을 거쳐 적절한 연상을 만들어 놓은 자료를 이용해야 한다.

그런데 응시생들이 많은 수능이나 일반 수험분야는 관련 자료들이 있지만, 기술, 정치, 경제, 문화, 의학 등을 포함한 다양한 분야에 대해 핵심어 암기법으로 제작된 단어 책이나 자료를 찾기는 어렵다.

다른 외국어의 경우 일본어와 중국어 단어에 핵심어 암기법을 적용한 서적들이 일부 있지만 기초 회화 수준의 단어들이다. 즉, 연상 자료가 있어야 적용 가능한 암기법이므로 확장성이 약하다. 반면 테드식 암기법은 어떤 영어 분야나 외국어든 적용할 수 있다. 단어와 해석만 있으면 된다.

단, 암기가 너무 안 되는 어려운 단어에 핵심어 암기법을 부분적으로 적용하는 것은 괜찮다고 본다. 또한 지루하면서도 성과는 낮은 반복 쓰기만 하는 경우보다는 더 효과적이라고 생각한다.

04

장소 기억법의 장단점

　미리 순서대로 기억한 지하철 역, 신체 부위, 마을의 지형물 같은 특정 장소에, 기억할 단어들을 결합해 암기하는 방식이다. 이미지 및 재미있는 스토리도 같이 이용한다. '기억의 궁전법(memory palace, mind palace)'이라고도 부른다. 기억의 기준이 되는 장소, 이미지, 스토리 등이 단어를 암기하고 회상할 때의 연상 매개체다.

　기억 시합 관련 세계에서 가장 유명한 대회로 미국에서 개최되는 '세계 기억력 대회(World Memory Championships)'가 있다. 그 대회 우승자들이 암기 연습 방식에 대해 얘기할 때 빠지지 않고 등장하는 암기법이다. 고대 그리스와 로마의 웅변가들이 연설 장소 내부의 지형물들과 연설내용을 결합시켜 순서대로 미리 암기 후, 연설문을 보지 않고 지형물들만 보면서 기억을 회상해 연설한 것이 시초라고 한다.

　세계 기억력 대회는, 주어진 정보를 일정 순서에 맞춰 외운 후에 다시 순서대로 기억해 내거나, 정보들을 다 외우고 다시 기억해 내야 하는 경기들로 구성된다. 52장이 무작위로 들어 있는 카드 한 벌을 몇십 초 만에 순서대로 외우고 다시 순서대로 기억해 내거나, 제시 단어들을 암기하고 기억해 내는 종류의 시합들이 대표적이다.

대회 참가자들은 기억에 사용할 기준 장소들을 미리 정하고 순서대로 완벽하게 암기한 후에 시합에 임한다. 그리고 시합이 시작되면 제시된 정보들을 각 장소에 연결해 기억시킨다. 상상력을 동원해 과장된 이미지나 충격적이고 재미있는 이야기들과 함께 연결하여 외운다.

숫자도 0~10까지를 대체할 단어를 미리 기억 후, 그 단어의 이미지를 기억 장소에 연결하는 형태로 암기하고, 카드 암기도 비슷한 방식을 사용한다.

다른 연상 암기방법들과 마찬가지로 오랜 기간 기억 후 회상할 수 있으려면, 반복 학습이 중요하다고 기억력 대회 챔피언들은 공통적으로 강조한다. 반복하지 않으면 암기한 내용들이 장기 기억되지 않고 잠시 머리에 남아 있다가 사라지기 때문이다.

기억력 시합은 그 시점만 집중해서 암기하고 기억해 내면 되지만, 시험이나 업무에 사용하려면 일차 기억시킨 내용을 반복 학습해야 장기 기억화된다는 사실을 이해할 수 있다. 즉, 마법의 기억술이 아니다. 순간 암기에는 효율적이지만 장기 기억을 위해서는 반복 학습과 노력이 필요한 것이다.

• 순서, 숫자, 모국어 낱말 기억에 효과적이다

장소 기억법의 기준인 장소들은 순서가 일정해야 하고, 반복을 통해 미리 완벽하게 암기해야 한다. 그런 특징 때문에 순서대로 카드를 기억하거나, 전화번호 같은 각종 숫자 및 수치를 특정 순간 암기하고 다시 차례로 기억해 낼 때 아주 유용하다. 숫자의 경우 대체용 단어나 이미지 등으로 변환 후 기억 기준인 장소에 연결시키는 데, 기억해 낼 때는 상상 속에서 순서대로 기억된 장소들 사이를 이동만 하면 된다.

장소 기억법이 우리나라에 소개 된지 수십 년이 되었기 때문에 나도 고교 시절 사용했었다. 역사적인 사건의 연도를 외울 때 유용했다. 0~9의 숫자를 그에 대응하는 한글 낱말로 변환 후, 내가 평소 다니는 동네 길 옆의 구조물 등에 연결해 외운 적이 있다.

예를 들어, **조선 건국일(1392년)**의 경우 '이성계가 동네 앞 벤치에서 쉬고 있는데 지나가던 **광대(13)**가 **지네(92)**를 얼굴에 던지고 도망갔다'는 식이다.

① 동네 앞 벤치를 기준 장소로 해서, ② 한글 순서에 따라 'ㄱ'은 1, 'ㄴ'은 2, 'ㄷ'은 3…'ㅈ'은 9로 약속하고, 0~9를 대신하는 기준 낱말 10개를 미리 준비하거나, 가능한 경우 위의 사례처럼 연이은 숫자 두 개를 한 단어로 변환 후, ③ 숫자를 대신하는 글자가 들어간 상상 속의 이야기를 만들어 기억한 것이다.

하루의 주요 일정을 순서대로 정확히 외워야 하거나 수치를 빨리 외워서 사용해야 하는 경우 및, 처음 본 사람 얼굴을 기억할 때도 이용했었는데 효과는 탁월했다. 그 외에도 모국어 단어들을 무작위로 외우고 기억해 낼 때도 효과적으로 사용할 수 있는 방식이었다.

• 외국어 단어 암기에 안 맞다

'기억력 챔피언 대회(World Memory Championships)' 우승자들이나 참가자들 중 다국어 가능자(polyglot)들은 이 방법으로 단어를 외우지 않는 것 같다. 그들이 '장소 기억법' 위주로 외국어 단어를 암기했다는 내용들을 인터넷이나 기억 관련 책들에서 볼 수 있었는데 근거 없는 얘기였다.

자료, 기사, 책, 영상 등에 장소 기억법 위주로 외국어 단어 암기를 했다고 언급된 사람이 있으면 궁금해서 끈질기게 확인했다. 장소 기억법을 고교 시절 자주 사용했던 내 경험으로는 이해하기 힘든 내용이기 때문이다. 영어 단어 암기에 적용해 보았었다.

그런데 내가 지금까지 확인한 범위 내에서는 단 한 명도 없었다. 대부분 '여러 나라에 거주한 경험이 있어서 외국어 감각이 있거나, 각국의 언어에 맞는 다양한 학습 방법으로 열심히 공부했다'가 진실이었다. 외국어 단어의 성별이나 단수, 복수 구분을 위해 아주 부분적으로 장소 기억법을 응용한 사람이 있을 뿐이었다. 그마저도 효율성은 없어 보였다. 결국 실제는 아닌데 제3자들이 홍보 등의 목적으로 혹은 이해를 잘 못해서 모호하게 사례를 소개한 경우였다.

모국어 낱말을 순서대로 많이 기억하거나, 모국어처럼 구사할 수 있는 외국어의 단어들을 순서대로 암기하고 기억해 내는 데는 '장소 기억법'이 탁월하다. 그러나 철자, 발음, 해석을 새로 외워야 하는 외국어 단어 암기에는 상식적으로 맞지 않다.

이미 기억 속에 있는 모국어는 이미지화한 후 준비된 기억 장소에 잘 연결만 하면 된다. 하지만 영어나 다른 외국어는 철자와 발음을 해석과 연결해 기억하는 것이 먼저다. 그 이후에야 장소 기억법 적용이 가능해진다.

영어 단어 자체를 상상적 이야기와 이미지에 연결해 외우면 기억 강화에 약간의 도움은 되겠지만, 단어 수가 적을 때나 가능할 것이다. 단어 수가 많으면 연상 자료 만들고 외우다가 지칠 것이다. 차라리 쓰면서 암기하는 편이 나을지 모른다.

미국에서 개최되는 '세계 기억력 챔피언 대회' 참가자들이 미국 외의 나라에서 온 경우에, 시합에서는 본인들의 모국어로 암기한다. 단어가 들어가는 시합인 '무작위 단어 암기, 가상의 역사 연도 및 사건 암기, 이름 암기'의 경우, 미리 요청하면 외국 참가자들의 모국어로 번역해 출제한다. 영어를 모국어처럼 사용하는 사람이 아닌 경우 생전 처음 보는 외국어 단어를 외우라고 하면 당연히 원어민들과 경쟁할 수 없을 것이다.

그럼에도 불구하고 외국어 단어 암기에 장소 기준법을 이용하겠다면, 수백, 수천 개의 단어 암기가 필요한 경우 기준 장소를 아주 많이 순서까지 완벽히 미리 외워 두어야 한다. 예를 들어, 지하철역이 기준인데 암기할 내용이 정거장 수보다 몇십 배나 더 많다고 하면, 동일한

영어 단어 암기의 천재가 되는 비법

역에 여러 기억들을 결합시킬 수밖에 없다. 그러면 기억들 간 충돌 때문에 회상 시 혼란이 발생하게 된다. 따라서 장소 수를 충분히 확보해야 한다.

특정 시점에 벌어지는 기억력 시합이 목적이라면 기존 기억을 지우고(실제로 전문가들은 필요시 의도적으로 지운다고 한다.) 새로운 기억을 연결하거나, 시합에 출제되는 분량에 해당되는 장소들만 정확히 기억하면 된다. 그러나 수백 개 이상의 영어 단어를 암기한다고 가정하면 그것이 가능하지 않다는 것을 직감할 수 있다.

시험 볼 때나 원어민과 대화를 할 때 적시에 기억해 내는 것도 문제가 된다. 장소 기억법은 순서가 기준이기 때문에 순서대로 장소를 여행하듯이 따라가며 기억을 불러내야 한다. 그런데 즉시 회상이 필요한 시험을 보거나 원어민과 실시간 대화할 때는 그럴 시간 여유가 주어지지 않는다. 결국 단어를 장소 기준법으로 1차 암기하고, 반복 학습을 통해 연상 매개체인 장소를 떼어 낸 후 단어와 해석만 기억에 남겨야 하는데, 수백 단어만 그렇게 외워도 상상 이상의 시간이 소요될 것이다. 너무 비효율적이다.

05

어원 공부법의 특징

어원(語原)이란 '단어의 기원'을 말한다. 학문적으로는 단어의 탄생, 변동 등을 고려하는 복잡한 개념이다. 하지만 영어 단어 공부 관점에서만 보면 '서로 다른 단어들의 일부분이 될 수 있지만, 어떤 단어에 사용되건 간에 본래의 의미가 유지되는 접두사, 어근, 접미사를 부르는 개념'으로 알고 있으면 편하다.

영어 단어들 중에는 고대 로마 언어인 라틴어 및 그리스어에서 유래된 접두사, 어근, 접미사들이 서로 결합해 만들어진 파생어가 많다. 그래서 어원 공부가 도움이 된다. 한 어원이 가진 뜻은 그 어원이 결합된 단어 전체의 의미에 영향을 준다. 그래서 자주 사용되는 어원들을 외워두면 동일한 어원이 결합된 단어들의 철자와 해석을 쉽게 암기할 수 있다. 완전히 새로운 단어를 외우는 것이 아니기 때문이다.

어원 공부는 접두사(prefix), 어근(root word), 접미사(suffix)를 외우는 것이다. 그중에서도 가장 많이 사용되는 접두사 약 30개, 범위를 넓게 잡으면 접두사 60~70개 정도 외우는 것이 일차 목적이다. 접두사는 단어 앞부분에 붙는다.

접미사는 단어 뒷부분에 붙는데, 단어 의미보다는 명사(tion, sion, ty 등), 동사(ize, fy, ate 등), 형용사(tive, ful, able 등) 및 부사(ly) 간의 품사 구분에 주로 영향을 준다. 전문 용어들을 제외하고 접미사가 단어의 의미에 미치는 영향이 적기 때문에 신경 쓰지 않아도 된다.

어근은 단어의 주요 의미를 나타내는 부분이다. 단어 앞에만 사용되는 접두사와 달리 단어 앞, 중간, 뒤에 사용될 수 있다. 따라서 접두사와 혼동될 수 있는데 어원 중심 단어 책들에 구분 정리되어 있으므로 거기에 맞춰 파악하면 된다.

어근은 많이 알수록 좋다. 하지만 접두사와 달리 어근의 수가 너무 많아 공부 부담이 크다. 게다가 한 단어 속에서 어근의 본래 의미를 명확히 유지 못하는 경우도 종종 있다. 따라서 철자 맞히기 대회 등에 참가하기 위해 사전을 외워야 하는 등의 특수한 경우가 아니라면, 일반 단어 암기하듯 학습하거나 틈틈이 공부하는 것이 좋다. 결국 어원 공부는 빨리 끝낼 수 있고 효과도 좋은 '접두사'에 먼저 집중해야 한다.

어원을 이용한 암기법도 '연상 암기법'의 일종이라고 말할 수는 있다. 연상이란 매개체를 이용해 정보를 기억시키고 기억해 내는 것을 말하는데 어원이 그런 역할을 한다. 하지만 어원은 직접 단어의 일부를 이루는 것이어서 단어와 직접 연관 없는 중간 매개체를 추가로 사용하는 연상 암기법들과는 특성이 다르다. 효율적인 영어 공부를 위해서 누구나 반드시 거쳐야 하는 기본 과정으로 보고 어원 학습을 해야 한다고 개인적으로 생각한다.

• 어원이 같은 단어들의 암기가 쉬워진다

어원을 공부하면 단어의 의미 파악에 도움이 된다. 외국사람이 한국 말의 '초특급(= 초 + 특급), 첫사랑(= 첫 + 사랑)'의 '초, 첫'의 뜻을 알면, '초강력, 첫근무'란 단어의 의미를 이해하기 쉬워지는 것과 같다.

예를 들어보자.

(1) 접두사 + 어근 + 접미사

demilitarization = de + militarize + tion
⇒ 해석: 비무장화, 비군사화

(접두사) de: 아래로 끌어내리다(down), 벗어나다(off, away)
(어　근) militarize: 군비를 갖추다, 군사화하다
(접미사) tion: 동사를 명사로 전환할 때 주로 사용

'de'는 라틴어에서 온 접두사다. 'de'가 결합된 단어들은 '아래로 내리다, 벗어나다'는 의미를 나타낸다.

⇒ demotion(강등, 좌천), deactivation(비활성화),
　　devaluation(평가 절하), deodorization(탈취)

(2) 접두사 + 어근

predict = pre + dict

영어 단어 암기의 천재가 되는 비법

⇒ 해석: 예측하다, 예견하다

(접두사) pre: 미리, 앞에(before)
(어 근) dict: 말하다(say), 보여 주다(show)

'pre'는 고대 로마 언어인 라틴어에서 온 접두사고, 'dict'도 라틴어에서 유래된 어근이다. 'pre'가 결합된 단어들은 '미리, 앞에'라는 의미를 포함한다.

⇒ premix(미리 섞다), prepay(미리 지불하다),
　　prearrange(미리 조정하다), preregister(미리 등록하다)

접두사는, 어근 또는 혼자 쓸 수 있는 완전한 단어 앞에 붙어 새로운 단어를 만든다. 접미사는 어근이나 완전한 단어 끝에 붙어 새로운 단어를 파생시킨다. 즉, 접두사와 접미사는 홀로 사용하지 못한다. 그러나 어근은 뜻을 갖는 말의 최소 단위이기 때문에 혼자서도 사용된다.

• 전문 용어 및 라틴어계 외국어 공부에 도움이 된다

과학, 기술, 의학, 법 관련 영어 단어에 라틴어 어원이 많이 사용되어 있기 때문에 어원 공부를 하면 전문 용어 습득에 유리하다. 영어로 작성된 뇌 과학 논문을 볼 때 도움이 될 것으로 생각되어, 대한 의사 협회에서 발간한 〈필수 의학 용어집〉의 영어 단어들을 암기한 적이 있었는데, 어원에 대한 지식이 큰 도움이 되었다.

스페인어, 이탈리아어, 프랑스어 등 로마자를 사용하는 언어들도 영어와 마찬가지로 라틴어의 영향을 받았다. 또한 역사적으로 언어 간 상호 교류도 있었다. 그래서 영어 공부할 때 어원을 많이 알아 두면, 로마자 계열 언어들을 학습할 때도 도움이 된다.

또한 처음 보는 단어라고 해도 공부했던 어원이 들어 있으면 발음을 빠르게 익힐 수 있다. 한 어원은 서로 다른 단어 속에 사용되더라도 발음이 동일하거나 유사하다.

• 테드식 단어 암기법과 병행하면 효율적이다

어원을 암기하면 단어 암기를 좀 더 쉽게 할 수 있고 공부 기간도 단축된다. 그러나 어원 중심으로 된 단어 책들도 몇백 페이지는 된다. 어원 공부가 암기에 도움을 주는 것은 확실하지만, 그렇다고 단어 책 한 권을 반복 쓰기로 공부하면 보통 몇 개월은 걸릴 것이다.

결국 반복 학습 간 적정 기간 관리가 어려워진다. 장기 기억 전환 전에 망각되는 단어들이 많아진다. 따라서 어원 중심 단어 책도 테드식 단어 암기법으로 눈과 입만 사용해 외워서, 학습 속도와 단기간 반복 횟수를 늘려야 한다. 접두사 등의 주요 어원들을 미리 공부한 후, 단어들은 테드식으로 고속 암기하는 방식이 효율적이라는 얘기다.

내가 봤던 어원 중심의《Webster Vocabulary 33,000》과 유사한 단어 책들로, 특정 자격증 시험 준비를 하는 지인들이 예전에 주위에 있었다. 지금도 마찬가지일 것이다. 그런데 대부분 몇 달 동안 천천히 공부하는 것이 일반적이었고 단어 때문에 항상 힘들어들 했다.

어원 공부를 통한 암기 효율성 향상에도 불구하고 손으로 반복해 쓰며 천천히 암기하는 방식을 그대로 유지했기 때문이었다. 어원 공부가 효과적이라고 해도 단기에 많은 단어를 암기하기 위해서는 학습 속도 관리가 반드시 병행되어야 한다.

테드식으로 단어를 고속 암기하면서 어원에 집착할 필요 없다. 잘 외워지지 않는 단어에 아는 어원이 있을 때만 보조적으로 분석하면 충분하다. 알고 있는 어휘가 많아지면 어차피 어원을 거의 의식하지 않고 단어를 보게 된다.

내가 공부했던 《Webster Vocabulary 33,000》, 참고로 본 《Vocabulary 22,000 및 아카데미 토플》은 어원별로 단어가 정리되어 있었는데 재밌게 학습했다. 다만 나는 단어들을 볼 때 어원에 집착하지 않았다. 어원들만 미리 학습한 후에, 단어는 테드식 단어 암기법으로 눈과 입만 사용해 아주 빠르게 외웠다. 그러다가 외우기 어려운 단어들이 나오면 잠깐 어원을 떠올려 보는 식이었다.

수십 년의 역사를 가진 미국의 유명한 영어 철자 말하기 대회(단어의 발음과 의미를 듣고 영어 철자를 정확히 맞히는 대회)인 '스펠링 비(Scripps National Spelling Bee)' 우승자들의 단어 공부법을 찾아봤었다. 만 15세 이하만 참가 가능한 대회기는 하지만, 출제되는 단어의 범위도 넓고 난이도 또한 높다고 한다.

도움이 되었다고 우승자들이 얘기하는 공통적인 단어 공부 방식은 '어원 분석을 통한 암기'였다. 우승에 대한 목표의식이 주는 동기 부여와 장기간의 반복적이고 꾸준한 공부가 있었지만, 암기의 효율성은 '어원 공부'로 해결했다는 것이다.

참가자들은 대회 전에 미리 학습하도록 제공되는 단어 리스트 외에도, 시험 출제할 때 공식적으로 사용되는 《메리엄 웹스터 사전(Merriam Webster Dictionary)》에 수록된 많은 단어들을 학습하고 정확한 철자를 기억해야 한다. 그런데 어원을 기억하면 단어의 일부 철자를 알 수 있으므로 나머지 부분만 암기하면 된다.

우리나라 사람들이 '철자 대회'에 참가할 일은 특별한 경우를 제외하고는 없을 것이다. 실제 참가자들처럼 오랜 기간 단어를 공부할 여유도 대부분 없다. 따라서 어원 공부를 통해 암기 효율성은 높이되, 어원을 외우고 단어를 암기하는 과정 자체는 테드식 암기법을 적용하면 효율적이라고 판단한다.

영어 단어 암기의 천재가 되는 비법

06

반복과 노력은 기본이다

각 암기법들이 주장하는 주요 장점은, 다른 암기법들과 비교해 더 짧은 기간에 더 좋은 암기 성과를 가져다준다는 것이다. 연상 매개물을 사용하는 이유도 그러하다. 대부분의 학습자들이 암기법을 선택하는 기준도 동일할 것이다.

그런데 어떤 암기법으로 공부하든 수천 개 이상의 단어들을 원하는 수준으로 외우기 위해서는 아래의 기본 사항은 지켜야 한다.

첫째, 일단 시도해야 한다.
둘째, 의지를 가지고 집중해야 한다.
셋째, 일정 기간 꾸준히 반복 학습해야 한다.
넷째, 1차 암기한 단어들의 망각 전 장기 기억화를 위해 반복 주기를
　　잘 관리해야 한다.

위의 기본 사항들은 지키는 조건하에서 암기법들 간 투자 시간 및 암기 성과의 차이를 논하는 것이다. 집중, 반복 학습을 거치지 않고도 암

기를 쉽게 하게 해 주는 신비한 방식은 없다. 어쩌다 한 번 보고 기억되는 단어도 있겠지만 대부분의 단어들은 그렇게 암기할 수 없다.

외국에서 살았다거나 다국어 사용 가정에서 자란 것이 아님에도 여러 외국어를 고급 수준으로 구사하는 사람들이 있다. 그들의 사례를 자세히 읽어 보면 대부분 타고난 언어 재능보다 효율적 학습 방법과 노력을 강조한다. 하나의 외국어를 효율적으로 공부한 후 다른 외국어도 동일한 방식으로 쉽게 학습할 수 있게 되는 식이다.

단어 암기도 마찬가지다. 학습 기간을 놀랍도록 단축시켜 주는 효율적 방법들은 있다. 테드식 단어 암기법도 그러하다. 그러나 몇 차례라도 시도해 보는 의지와, 습관화를 위해 일정 기간은 노력할 정성이 있는 사람들만 남다른 성과를 경험할 수 있을 것이다.

영어 단어 암기의 천재가 되는 비법

30분 체험으로
단어 천재가 되자

30분 동안 3분 20단어씩 5회 정도만 연속으로 외워 보자. 그 체험이 당신의 단어 공부 기간을 몇 개월에서 몇 주로 단축해 줄 수 있다. 부담이 되는 경우 2분 10단어 암기 먼저 몇 차례 시도한 후 3분 20단어 암기로 전환한다.

2분간 10단어 암기 연습하기

(앞 해석 1개만 외울 것)

1) 수능 기출 단어

① 1차 테스트

NO	단어	발음 기호	해석
1	direction	[dirékʃən, dai-]	n. (길의) 방향
2	relieve	[rilíːv]	v. 완화시키다
3	instrument	[ínstrəmənt]	n. (음악 연주용) 악기
4	qualified	[kwɑ́ləfàid]	a. 자격을 갖춘
5	highlight	[haiˈlaiˌt]	v. 강조하다
6	misconception	[miskənseˈpʃən]	n. 오해
7	organic	[ɔːrgǽnik]	a. (농작물) 유기농의
8	upright	[ʌpràit]	ad. (자세를) 똑바로
9	inconceivable	[ìnkənsíːvəbl]	a. 상상할 수 없는
10	presence	[préʒns]	n. 존재

영어 단어 암기의 천재가 되는 비법

NO	단어	발음 기호	해석
1	entity	[éntəti]	n. 실체, 본질
2	foundation	[faundéiʃən]	n. 기반, 기초
3	persistently	[pərsístəntli]	ad. 지속적으로, 끈질기게
4	inadequate	[inǽdikwət]	a. 부적절한
5	mitigation	[mìtəgéiʃən]	n. 완화, 경감
6	emission	[imíʃən]	n. (배기 가스등) 배출, 방출
7	abatement	[əbéitmənt]	n. 완화, 경감
8	subsidy	[sʌ́bsədi]	n. 보조금, 지원금
9	accelerate	[æksélərèit]	v. 가속화하다, 촉진시키다
10	renewable	[rinjúːəbl]	a. 재생 가능한

2) 공무원 9급 기출 단어

① 1차 테스트

NO	단어	발음 기호	해석
1	measure	[méʒər]	n. (일에 대한) 조치, 대책
2	perspective	[pərspéktiv]	n. 관점, 견해
3	embrace	[imbréis]	v. (의견 등을) 받아들이다, (사람을) 껴안다
4	dwell (on)	[dwel]	v. (~을) 곰곰이 생각하다
5	averse	[əvə́ːrs]	a. ~을 싫어하는
6	minute	[mainjúːt]	a. 사소한, 하찮은
7	relevant	[réləvənt]	a. 관련이 있는
8	indigenous	[indídʒənəs]	a. 원주민의, 토착의
9	ravenous	[rǽvənəs]	a. (먹는 모양이) 게걸스러운
10	itinerant	[aitínərənt]	a. 떠돌아다니는

영어 단어 암기의 천재가 되는 비법

② 2차 테스트

NO	단어	발음 기호	해석
1	detest	[ditést]	v. 매우 싫어하다
2	uncanny	[ənˈkæni]	a. 묘한, 신비로운
3	hover	[hʌvər, hávər]	v. (~위를) 맴돌다, 배회하다
4	astute	[əstjúːt]	a. 기민한, 빈틈없는
5	prerequisite	[prireˈkwəzət]	a. 필수적인
6	empathy	[émpəθi]	n. (감정의) 공감
7	conduit	[kándjuːit]	n. 통로, (전기, 수도) 관로
8	altruism	[ǽltruːìzm]	n. 이타주의
9	outlet	[áutlet]	n. (물건) 판매 장소
10	amenity	[əménəti]	n. 편의시설

3) 토익 기출 단어

① 1차 테스트

NO	단어	발음 기호	해석
1	promptly	[prámptli]	ad. 신속히, 정각에
2	implement	[ímpləmənt]	v. 실행하다
3	accommodate	[əkámədèit]	v. (의견이나 사람을) 수용하다, 받아들이다
4	eligible	[élidʒəbl]	a. ~을 할 자격이 있는
5	given	[gívən]	prep. ~을 고려하면
6	feature	[fíːtʃər]	n. 특징, 특집기사 v. ~을 특징으로 하다
7	enhance	[inhǽns]	v. 향상시키다
8	comprehensive	[kàmprihénsiv]	a. 포괄적인, 광범위한
9	assume	[əsúːm]	v. (책임, 임무 등) 떠맡다, ~을 가정하다
10	transition	[trænzíʃən]	n. 변이, 변천

영어 단어 암기의 천재가 되는 비법

② 2차 테스트

NO	단어	발음 기호	해석
1	designated	[dézignèitid]	a. 지정된
2	closely	[klóusli]	ad. 면밀하게, 세밀하게
3	suspend	[səspénd]	v. (잠시) 정지하다, (생산을) 중단시키다, (물건 등을) 매달다
4	merchandise	[məːrtʃəndàiz]	n. 상품, 제품
5	lengthy	[léŋkθi]	a. (말이) 장황한, 매우 긴
6	estimate	[éstəmèit]	n. 견적서 v. 견적을 내다, 추정하다, 평가하다
7	established	[istǽbliʃt]	a. (업계나 사업에서) 안정적으로 자리 잡은, (회사 등이) 설립된
8	complimentary	[kàmpləméntəri]	a. 무료의
9	compliance	[kəmpláiəns]	n. 순응, 따름
10	affordable	[əfɔ́ːrdəbl]	a. (가격이) 싼, 저렴한

3분간 20단어 암기 연습하기

(앞 해석 1개만 외울 것)

1) 수능 기출 단어

① 1차 테스트

NO	단어	발음 기호	해석
1	tactical	[tǽktikəl]	a. 전술의, 전술상의
2	presuppose	[pri͵səpouˈz]	v. ~을 전제로 하다, ~을 가정하다
3	fundamental	[fʌndəméntl]	a. 기본적인
4	assessment	[əsésmənt]	n. 평가
5	abstract	[æbstrǽkt]	a. 추상적인
6	uniform	[júːnəfɔ̀ːrm]	a. 똑같은
7	contingent	[kəntíndʒənt]	a. 우발적인
8	explicit	[iksplísit]	a. 명백한

영어 단어 암기의 천재가 되는 비법

9	refine	[rifáin]	v. (정보, 성분을) 정제하다, 다듬다
10	obsess	[əbsés]	v. (~생각에) 사로잡히다
11	grant	[grænt]	n. (재정적인) 보조금
12	highly	[háili]	ad. 매우, 대단히
13	hypothesis	[haipάθəsis]	n. 가설, 가정
14	pinnacle	[pínəkl]	n. 정점, 최 상위
15	citation	[saitéiʃən]	n. 표창장, 인용
16	account	[əkáunt]	n. 설명, 계좌
17	objective	[əbdʒéktiv]	a. 객관적인
18	mindset	[maiˈndseˌt]	n. 사고방식
19	commodity	[kəmάdəti]	n. 상품
20	encompass	[inkʌmpəs]	v. ~을 포함하다

② 2차 테스트

NO	단어	발음 기호	해석
1	sophistication	[səfistəkéiʃən]	n. 정교화, 세련화
2	assess	[əsés]	v. 평가하다
3	duration	[djuréiʃən]	n. (일 등의) 지속 시간
4	monumental	[mὰnjuméntl]	a. 기념비적인, 엄청난
5	primeval	[praimíːvəl]	a. 원시의, 고대의
6	primarily	[praimérəli]	ad. 주로, 대부분
7	exploit	[ikspláit]	v. 착취하다, 착복하다
8	haul	[hɔːl]	v. 끌어당기다, 운반하다
9	tribal	[tráibl]	a. 종족의, 부족의
10	consolidate	[kənsάlədèit]	v. 통합하다, 강화하다
11	biased	[báiəst]	a. 편견을 가진, (한쪽으로) 치우친
12	dismiss	[dismís]	v. 무시하다, 해고하다
13	crucial	[krúːʃəl]	a. 중요한, 결정적인
14	consistent	[kənsístənt]	a. 일관된, 일치하는

영어 단어 암기의 천재가 되는 비법

15	considerable	[kənsídərəbl]	a. 상당한, 주목할 만한
16	convert	[kənvə́:rt]	v. 전환하다, 바꾸다
17	outspoken	[auˈtspouˈkən]	a. 솔직한
18	heritage	[héritidʒ]	n. (문화, 재산 등의) 유산
19	discard	[diskɑ́:rd]	v. 버리다, 폐기하다
20	bilateral	[bailǽtərəl]	a. 쌍방의, 양 당사자의

2) 공무원 9급 기출 단어

① 1차 테스트

NO	단어	발음 기호	해석
1	impoverish	[impávəriʃ]	v. ~을 가난하게 만들다
2	prelude	[prélju:d]	n. 전주곡, 서막
3	par	[pa:r]	n. 동등, 같은 수준
4	susceptible (to)	[səséptəbl]	a. ~에 쉽게 영향받는
5	incur	[inkə́:r]	v. 발생하다
6	vulnerable	[vʌlnərəbl]	a. ~에 취약한
7	staple	[stéipl]	a. (농산물, 음식 등이) 주요한, 주된
8	relative	[rélətiv]	n. (동물의) 동족, (사람의)친척
9	scale	[skeil]	n. (고래의) 비늘
10	taper	[téipər]	v. (물건의 끝 부분이) 가늘어 지다, (빗줄기가)약해지다
11	identical	[aidéntikəl]	a. 동일한, 똑같은

영어 단어 암기의 천재가 되는 비법

12	dichotomy	[daikátəmi]	n. 이분법, 양분법
13	clutter	[klʌtər]	n. 혼란
14	ingrained	[ingréind]	a. (습관 등이) 뿌리 깊은
15	conservatory	[kənsə́:rvətɔ̀:ri]	n. 음악 학교
16	compromise	[kámprəmàiz]	v. (체면 등을) 손상시키다, 타협하다
17	malefactor	[mǽləfæktər]	n. (죄를 저지른) 범인
18	thrive	[θraiv]	v. (사업 등이) 번창하다
19	transient	[trǽnʃənt]	a. 일시적인, 순간적인
20	acute	[əkjú:t]	a. (병이) 심각한

② 2차 테스트

NO	단어	발음 기호	해석
1	unveil	[ənveiˈl]	v. (~을) 공개하다, 밝히다
2	seemingly	[síːminli]	ad. 겉으로 보기에는
3	dividend	[dívədènd]	n.(이익) 배당금
4	legitimize	[lidʒítəmàiz]	v. 합법화하다, 정당화하다
5	petal	[pétəl]	n. 꽃잎
6	palate	[pǽlət]	n. (맛을 보는) 미각
7	blunt	[blʌnt]	a. 무딘, 둔감한
8	evaluate	[ivǽljuèit]	v. 평가하다
9	beforehand	[bifɔ́ːrhænd]	ad. 미리, 사전에
10	elaborate	[ilǽbərət]	a. 정교한, 상세한
11	inquisitive	[inkwízətiv]	a. 탐구적인, 호기심 많은
12	dysfunction	[disfʌ́ŋkʃən]	n. 역기능, 고장
13	strangle	[strǽŋgl]	v. 억압하다, 억누르다
14	stem	[stem]	v. 막다, 저지하다

영어 단어 암기의 천재가 되는 비법

15	disparity	[dispǽrəti]	n. 불균형, 격차
16	entitle	[intáitl]	v. ~라고 제목을 붙이다, ~자격을 주다
17	optic	[áptik]	a. 눈의, 시력의
18	neuron	[njúərɔn]	n. 신경 세포
19	disseminate	[disémənèit]	v. 퍼트리다, 배포하다
20	proliferate	[prəlífərèit]	v. 확산되다

3) 토익 기출 단어

① 1차 테스트

NO	단어	발음 기호	해석
1	sizable	[sáizəbl]	a. (규모가) 상당히 큰
2	sequence	[sí:kwəns]	n. (책, 영화) 후속편, 연속물
3	resume	[rizú:m]	v. 다시 시작하다, (상점 등) 재개장하다
4	proximity	[praksíməti]	n. 근접, 가까움
5	perishable	[périʃəbl]	a. 소멸하기 쉬운, 상하기 쉬운
6	obligation	[àbləgéiʃən]	n. 의무, 책임
7	nomination	[nàmənéiʃən]	n. (직위에) 지명, 임명
8	tentatively	[téntətivli]	ad. 잠정적으로, 임시로
9	markedly	[má:rkidli]	ad. 현저하게, 두드러지게
10	feasibility	[fi:zəbíləti]	n. 실현 가능성
11	exempt	[igzémpt]	v. (책임, 의무를) 면제하다

영어 단어 암기의 천재가 되는 비법

12	direct	[dirékt, dai-]	v. 안내하다, 지도하다 a. 직접적인
13	dedication	[dèdikéiʃən]	n. 헌신, (박물관 등) 개관식
14	congestion	[kəndʒéstʃən]	n. (교통) 혼잡, 정체
15	challenging	[tʃǽlindʒiŋ]	a. 어려운
16	accidentally	[æksədéntəli]	ad. 우연히
17	variation	[vɛəriéiʃən]	n. 변화, 변동
18	sustainable	[səstéinəbl]	a. 지속(유지) 가능한
19	suit	[suːt]	n. (의류) 정장 v. ~에 어울리다, ~에 적합하게 하다
20	substantial	[səbstǽnʃəl]	a. 상당한, 실제적인

② 2차 테스트

NO	단어	발음 기호	해석
1	subsequently	[sʌbsikwəntli]	ad. 그 후에, 그다음에, 이어서
2	stretch	[stretʃ]	n. (차) 도로구간 v. (팔, 다리 등을) 뻗다
3	speculation	[spèkjuléiʃən]	n. 추측
4	sample	[sǽmpl]	n. 견본, 샘플 v. 시험 삼아 먹어보다, 시험 삼아 사용하다
5	retrieve	[ritríːv]	v. 회수하다, 되찾다
6	renowned	[rináund]	a. 유명한
7	redeem	[ridíːm]	v. (빚, 채무 등) 상환하다, (쿠폰 등과) 교환하다,
8	prominently	[prámənəntli]	ad. 눈에 띄게, 두드러지게
9	noticeable	[nóutisəbl]	a. 현저한, 두드러진
10	merge	[məːrdʒ]	v. (회사들이) 합병하다
11	inevitably	[inévitəbli]	ad. 필연적으로, 불가피하게

영어 단어 암기의 천재가 되는 비법

12	facilitate	[fəsílətèit]	v. (일, 등을) 촉진시키다, 원활히 진행되도록 하다
13	endorse	[indɔ́ːrs]	v. (서류에) 배서하다, 승인하다, 지지하다, (상품 등을) 광고하다, 보증하다
14	deliberate	[dilíbərət]	v. 신중히 생각하다 a. 신중한, 고의적인
15	courtesy	[kə́ːrtəsi]	a. 예의상의, 무료의
16	gratify	[grǽtəfài]	v. ~을 만족시키다
17	fragment	[frǽgmənt]	n. (부서진) 조각, 파편
18	fragile	[frǽdʒail]	a. 깨지기 쉬운
19	flair	[flɛər]	n. 재능, 능력
20	expeditiously	[èkspədíʃəsli]	ad. 신속하게, 빠르게

영어 공부에는 지름길이 있다

　일반 회사에서 일을 할 때, 미국, 싱가포르, 홍콩 등 영어가 모국어거나 공용어로 사용하는 나라에서 온 20대 중반의 젊은 사람들을 보며 놀랄 때가 많았다. 나이에 비해 비즈니스 마인드가 깊고 담당 업무 능력이 뛰어난 경우가 자주 있었기 때문이다.

　우리나라 청년들이 영어 공부에 오랜 기간 발이 묶여 있을 시기에, 그들은 실제 전문 분야를 파고들 수 있는 이점이 있는 것이다. 그 차이를 극복하는 우리나라 사람들의 노력과 우수성에 혼자서도 간혹 감탄한다. 하지만 영어 공부를 빨리 끝낼수록 전문 분야에서 더 큰 경쟁력을 갖출 수 있을 거라는 생각에 안타까움도 느낀다.

　나는 취급 제품이나 상품이 서로 다른 회사들에서 근무하며 다양한 부서와 팀에서 업무 경험을 했었다. 그러다가 뒤늦게 외국어 관련 일을 하는 것이 나를 가장 즐겁게 하고, 다른 사람들에게도 영향을 줄 수 있는 가치창출을 조금이나마 할 수 있다는 생각을 하게 되었다.

　그러나 대부분 사람들에게 영어는 컴퓨터와 같은 업무 도구일 뿐이지 실제 진행할 일은 아니다. 회사의 취업 관문 통과를 위해서, 혹은 판매, 품질, 마케팅 등 업무 진행을 할 때 영어를 사용해야 하는 글로벌 시대의 요구 때문에 배워야 하는 것이다.

우리나라 사람이 한글로 읽고, 쓰고, 말하고, 듣는 것에 지나치게 서투르면 국내 사회의 모든 경쟁에서 뒤처질 것이다, 그런데 국제 사회의 공통 언어는 한글이 아니라 영어다. 따라서 영어 구사 능력이 너무 떨어지면 국제 사회 구성원들과의 원활한 대화나 협상 진행이 어렵게 되고, 영어로 유통되는 다양한 정보들도 제대로 볼 수 없어 그렇지 않은 사람들과의 경쟁에서 불리해진다.

그러므로 필요 수준의 영어 능력은 반드시 갖춰야만 하지만 그 자체가 업무는 아니므로 공부를 빨리 완료하는 것이 관건이다. 그래서 효율적인 학습 방법을 찾는 노력이 요구된다. 이 책에서 다루지는 않지만 회화, 듣기, 문법, 작문 등 어떤 영역이든 '지름길'은 반드시 있다. 예전에는 요령들이 공유되지 않았지만 지금은 여기저기에 공개되어 있다.

의심이 든다면 여러 방법들을 조금씩만 시도해 보고 체험 후 선택하면 된다. 타고나거나, 유학을 가거나, 아주 오랜 기간 공부를 해야만 뛰어난 영어 실력을 갖출 수 있다는 등의 선입견은 버려야 한다. 테드식 단어 암기법도 '반복 쓰기'가 단어 공부의 유일한 원칙이라는 일반적 생각을 버리는 것으로부터 시작한다.

이 책이 영어 공부의 첫째 관문인 단어 암기에 대한 새로운 길을 제시해서, 수백 페이지의 단어 책 한 권을 1~2주 내에 정복할 수 있기를 희망한다. 영어 단어가 아직도 어깨를 짓누르는 큰 짐인 사람들은 이 책을 통해 해결책을 발견할 수 있을 것이다.

참고자료

1) Kelly McGonigal, Ph.D, 신예경 역, 《스트레스의 힘》, 21세기 북스, 2015, p.36~37, 89~92.

2) Lorenzo Magrassi, Giuseppe Aromataris, Alessandro Cabrini, Valerio Annovazzi-Lodi, and Andrea Moro, 《Sound representation in higher language areas during language generation》, PNAS, 2015, vol.112: p.1868-73.

3) Jeffrey D. Karpicke, JD, Roediger, HL, 3rd, 《The Critical Importance of Retrieval for Learning》, Science, 2008, 319: p.966~968.

4) Translated by Henry A. Ruger & Clara E. Bussenius, 《Memory : A Contribution to Experimental Psychology by Hermann Ebbinghaus》, Teachers college, Columbia university, 1913.

5) 박영준, 《대한민국 영어천재들의 비밀노트》, 랜덤 하우스, 2008.9, p.146~150.

6) Luisa de Vivo, Michele Bellesi, William Marshall, Eric A Bushong, Mark H Ellisman, Giulio Tononi,1, and Chiara Cirelli, 《Ultrastructural Evidence for Synaptic Scaling Across the Wake/sleep Cycle》, Science, 2017 Feb 3, 355(6324): p. 507-510.

7) 수잰 코킨, 이민아 역, 《어제가 없는 남자, HM의 기억》, 알마, 2014.12.26.

손으로 쓰지 않고 눈과 입으로 외워서

영어 단어 암기의
천재가 되는
비법

초판 1쇄 발행 2021년 6월 10일

지은이	강균석
펴낸이	이기봉
편집	좋은땅 편집팀
펴낸곳	도서출판 좋은땅
주소	서울 마포구 성지길 25 보광빌딩 2층
전화	02)374-8616~7
팩스	02)374-8614
이메일	gworldbook@naver.com
저자이메일	tedbook@naver.com
홈페이지	www.g-world.co.kr

ISBN   979-11-6649-926-5 (03740)